Seadove

Seadove

# 這個世界，沒有懷才不遇這件事

公開大多數人
努力卻不成功的秘密！

*Pushing to the Front*

Orison Marden
奧里森・馬登／著
靜濤／譯

美國總統
威廉・麥金萊

成功學家
拿破崙・希爾

文學大師
林語堂

共同推薦

**長踞《紐約時報》暢銷書排行榜30年！**

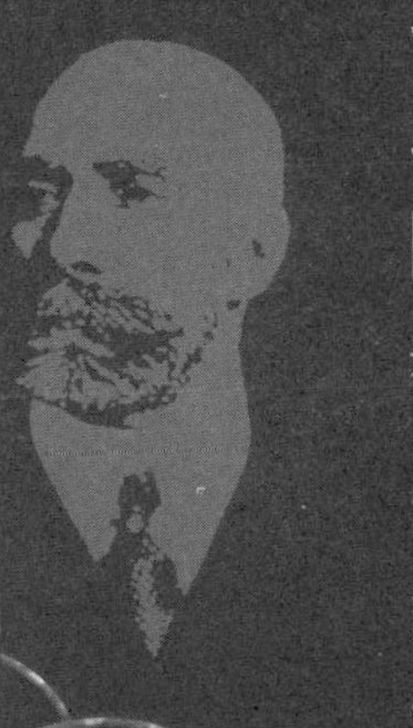

最受歡迎的美國作家
比爾・蓋茲的精神導師
歐巴馬、柯林頓、巴菲特、賈伯斯
都是受到他的影響！

它可以暢銷百年，不僅是因為它更接近讀者的思想和生活，更因為信念是永不過時的人生動力。　—《紐約時報》

# 前言

奧里森・馬登（Orison Marden，一八四八～一九二四），美國成功學的奠基人，偉大的勵志導師之一。他所寫的作品流傳全世界，改變無數人的命運。無論是當時的美國總統艾森豪、尼克森、卡特、布希，還是洛克菲勒、索羅斯、比爾・蓋茲等商業鉅子在提到他們的成就時，都提到奧里森・馬登對他們的影響。

美國記者與著名書評家門肯在二十世紀七〇年代的時候說：「其中，至少三百萬冊不是用英語出版，而是用其他二十五種語言……直到今天，在歐洲，馬登仍然是最受歡迎的美國作家……在西班牙、波蘭、捷克、斯洛伐克的偏遠小鎮，某些地方是馬克・吐溫和傑克・倫敦不曾到過的地方，我親眼看到他的譯本被放上書架。馬登簡直就是美國文學的旗幟……」

奧里森・馬登用他一生的經歷告訴人們：**每個人都可以透過發揮自己的才能，找到致**

**富和成功之道**。他以無私的情懷，把如何正確發揮自己的才能，用實例結合理論的方式告訴人們，並且激勵人們，讓很多平凡的人找到自己的用武之地，被後人尊崇為「成功學大師」。我們根據他的經典理論「不要給自己留退路」、「激發自己的潛能」、「鍛造一生的資本」、「脫離貧困境地的秘訣」，結合他其他的著作，精心編譯這本《這個世界，沒有懷才不遇這件事》，以期告訴讀者，認識不完美的自己，才可以找到施展自己才能的方面；不要在原本應該奮鬥的時候選擇安逸，不逼自己一把，怎麼可能成大器；不自信、不勤奮、不思考的人，沒有資格抱怨懷才不遇；很多人之所以平庸，就是努力程度不夠，不敢拼一把，生活過得越來越敷衍；不斷自我提升，才可以在競爭社會處於不敗之地；想要活出自己的人生價值，除了個人能力、好習慣、良好的社交能力、自信心，還需要有誠信，因為誠信是一個人做人的根本。總之，一個人想要做人生贏家，就要不斷努力，**這個世界沒有懷才不遇的人，只有懷才不努力的人**。

如果你想被人們重視和重用，獲得肯定和榮譽，不妨閱讀奧里森・馬登的書。我們相信在本書中，你一定可以找到某個讓平凡的你改變的觀點，讓你的才華得到施展的空間，創造更好的自己。

# 目錄

## 前言

## 第一章 認識不完美的自己

## 一第二章一 不要在原本應該奮鬥的時候選擇安逸



## 一第三章一 這個世界，沒有懷才不遇這件事

## 第四章 敢拼，將來的你才會感謝現在的自己



## 第五章 挖掘潛能，不斷升級自己的人生資本

## 一第六章一

## 活出價值，依靠的是綜合能力和誠信

—第一章—

# 認識不完美的自己

在這個世界上，幾乎沒有完美的人。每個偉大的人身上都有不完美的缺點，但是很少有人注意到，所以難免有人會產生疑問：為什麼那些偉大的人看起來幾乎是完人？因為他們放大自己身上的優點，所以缺點被忽略。

一個人的缺點不可怕，可怕的是不認識它。有些人讓缺點伴隨一生，卻沒有認識到，最後還問自己的人生為什麼會這樣？人們只有全面認識自己，才可以取長補短，讓自己活出真正的自我，獲得幸福的生活。

# 心態是所有成功的先決條件

人類的身體與思維密不可分，具體表現為：身體是思維產生的基礎，思維又指導身體不斷行動。人類的情緒千變萬化，在一個情緒消極的人眼中，身邊的所有景物都暗淡無光。這個時候，如果有突如其來的驚喜事件發生，就可以使其從消極情緒中迅速解脫出來。這種驚喜事件多種多樣，例如：重遇闊別多年的好友，與朋友去踏青郊遊，與戀人約會，共度美好時光，都可以讓我們找回輕鬆愉悅的心情。這個時候，再將視線定格於周圍的景物，就會發現到處景致如畫，令人心曠神怡。

人們相信自己擁有足夠的才能，完全可以獲得成功，但是又覺得自己的缺點太多，擔心將會對自己的成功造成極大的阻礙。很多人終日鬱鬱寡歡，就是因為這個原因。事實上，根本沒有必要為這件事情擔憂。**天底下不存在完美的人，每個人都有各種各樣的缺點**。人們如果對成功有足夠的自信，就不必再為自己的缺點憂心。因為缺點是可以改變的，只要有恆心，再大的缺點都可以變成優點，對自己的成功產生促進作用。

很多人之所以失敗，完全是因為心態問題。他們一方面期盼脫貧致富，另一方面卻不相信自己有能力做到這一點。自信之人，才可以成就一番事業，對自己的能力抱持懷疑態度，這樣的人永遠無法事業有成。

成功人士不管遇到什麼事情都習慣往好的方面去想，他們有強烈的創新欲望，隨時不忘開拓進取。正是這種積極樂觀的心態，促使他們最終走向成功。

心態是由個人的關注點決定的。失敗者總是關注消極的方面，他們如果想要培養樂觀的成功者心態，就要強迫自己將注意力轉移到積極的方面。

**現實總是帶給我們憂慮：一方面希望擁有財富，另一方面又畏懼爭取財富的過程**。很多人之所以生活不順遂，都是由心態問題引起。這種懷疑和畏怯的心態，是我們前進道路上的巨大絆腳石，讓許多人終生都無法擺脫貧窮。想要除去貧窮的枷鎖，只能依靠自己。**自怨自艾對改善生活現狀毫無用處，我們要做的只是先接受現狀，再尋求改善現狀的方法**。我們要有堅定的信念，相信自己一定可以擺脫貧窮，否則擁有巨大的財富永遠只是空想。

苦難往往來自內心，痛苦總是源自消極悲觀的心態，而非困難本身。被消極心態控制的人，會將自己面臨的困難放大，讓自己在戰鬥開始之前，就已經信心盡失。

你心裡在想什麼，眼中看到的就是什麼。心中充滿悲觀和絕望的人，在生活中永遠看不到希望與美好。擁有這樣的心態，如何妄談成功？從這個意義上說，心態的成功是所有成功的先決條件。

沒有人不夢想成功，但是真正夢想成真的有幾個？消極的思想禁錮人們的行動，讓夢想永遠只停留在想的階段，而沒有勇氣付諸實踐。在工作中，這些人被很多不必要的擔憂控制，綁手綁腳，精神倦怠。**這種工作狀態使他們永遠被成功拒之門外，因為成功者必須具備這樣的條件：在工作中要有熱情，積極創新，保持高效率。**

努力發掘事情好的方面，並且堅信事情將會走向更好，痛苦和疾病終會過去，正義和真理必勝。如此一來，我們才會對事情形成全面和深入的認識，養成積極樂觀的心態，信心百倍地邁向成功。

積極樂觀的心態會像陽光一樣照亮人們的生命。它會給人們帶來快樂，並且在快樂中加快邁向成功的步伐。每個人都應該努力培養這種心態，健康快樂地成長進步。成功者不會將抱怨掛在嘴上，這是失敗者才會做的事情。**強者之所以成為強者，是因為他們明白軟弱哭泣毫無用處，只有踏實苦幹才是成功之道。弱者總是喜歡怨天尤人，卻從來不在自身**

**尋找失敗的原因。**

我們不能抱怨自己的工作，即使覺得非常枯燥，難以培養興趣，至少不要厭憎。我們應該培養積極樂觀的心態，學會在自己不喜歡但是必須要做的工作中尋找樂趣。要將成功大道走到底，就要有永遠不會磨滅的熱情，對任何工作都一視同仁。工作沒有高低貴賤之分，不管一個工作有多麼普通，總是有人在其中成就斐然。一個人能否成功，取決於他怎樣做，而不是做什麼。任何工作都值得我們用全部的熱情去將它做好。我們的人生最終會取得怎樣的成果，完全取決於我們自己。我們所做的任何一件小事，都會在成果中有所顯示。

想要獲得成功，從這一刻開始，對任何事情都竭盡所能，毫無保留地付出一切！面對工作，永遠保持積極樂觀的心態，無論這個工作多麼普通，我們都可以從中獲益匪淺。

與積極樂觀的心態相對應的是消極悲觀的心態，被消極心態控制的人就像身陷地獄。成功的大門永遠對這些人緊閉，因為他們看到的都是事情最壞的方面，他們永遠不相信自己會取得成功，所以失敗就成為他們必然的結局。

**消極悲觀的心態是人類懦弱的源頭。人們受到消極心態控制，對成功毫無信心的時候，失敗就成為必然結果。**很多愚蠢的決定，都是因為決定者心態消極所致。這個問題應該如何解決？我們因為悲慘現實感到苦悶絕望的時候，不妨暫時放下這件事情，讓自己尋找一些輕鬆愉悅，進而使自己逐漸擺脫消極苦悶的心理。

消極悲觀的心態總是在人們寂寞空虛的時候產生，隨即而來的惡劣情緒會對我們的心理健康造成極大的傷害，抑制我們對成功的渴望，最終將我們的鬥志毀滅殆盡。

心態積極樂觀的人，會憑藉自己的能力去贏得別人的信任，進而使別人聽從自己的領導與指揮。他們在第一次見面就會將這種領袖能力展露無遺，給人們留下與眾不同的深刻印象。

**成功需要很多能力作為支撐，其中之一就是積極樂觀的心態。**假如不具備這樣的心態，無論才華多麼出眾，也難以獲得成功。可惜大多數人沒有注意到這一點，終日沉溺在消極悲觀的情緒中，碌碌無為地度過自己的一生。

如何培養積極樂觀的心態，原本應該包含在我們對孩子的教育課程中。然而，事實並非如此，心態教育被專家們隔絕在孩子們的課程之外。很多年輕人進入社會以後，心態消極悲觀，不思進取，究其原因，正是當初在學校接受失敗的教育。

無論遇到什麼情況，都不要喪失自信，妄自菲薄。消極的心態，會在不知不覺之間挫傷人們的進取心和創新能力。這種傷害起初不起眼，但是日積月累，就會造成人生不可估量的巨大損失。

積極樂觀的心態對年輕人至關重要，擁有它就可以克服所有消極情緒。有些年輕人在學校成績優異，但是進入社會以後卻接連碰壁，原因就是心態不夠積極樂觀，被消極情緒所困。比起那些學生時期表現一般的同學們，他們對工作有更高的目標與期待，如果受到挫折，就會倍感失落，甚至一蹶不振。真正有智慧的人會感激人生的缺憾，因為這個缺憾讓他們體會到更深刻的道理。

積極的心態對創新能力的培養大有幫助。不要讓悲觀情緒圍繞自己，努力讓自己變得積極樂觀，只有這樣，才可以培養更強大的創新能力，進而在工作和生活中取得更大的成就。

**經常給自己這樣的暗示：我們已經成為自己想要成為的人。這種心靈上的暗示，會給人們強大的動力，也會加快理想實現的速度。**想要實現自己的理想，就要先描繪一幅完整的未來藍圖。有這樣的藍圖作為指導，終有一日，我們會將自己美麗的人生塑造成型。

想要消除悲觀消極，就要以樂觀積極取而代之。只有這樣，才可以走向成功。

人類社會需要不斷地發展和進步，正如植物生長需要土壤、陽光、空氣、水，如果缺少其中一個或幾個，植物就會無法正常生長，甚至會導致死亡。如果人類缺少前進的信心和勇氣，就會不可避免地走向滅亡。

面對社會的陰暗邪惡，積極樂觀的心態會使我們保持清醒和理智，免受邪惡思想的影響。我們要堅決拒絕所有邪惡，千萬不可給其乘虛而入的機會，否則極有可能會遺憾終生。

# 想要美麗，一定要遠離憂慮

在音樂家看來，世界上最痛苦的莫過於演奏失調的樂器，這件事情讓他們不堪忍受。因為失調的樂器演奏不和諧的樂聲會對音樂家敏銳的聽覺造成巨大的損傷，導致他們的樂感程度急劇降低，無法辨認音調之間的細微區別。如此一來，他們很快就會從音樂的舞台上退場。如果將人生比喻為音樂，你演奏出來的音樂程度如何，直接由你使用的樂器決定。你從事的職業，例如：律師、醫生、作家，就像你在演奏音樂的時候使用的鋼琴、豎笛、吉他。想要演奏和諧的生命樂章，就要將其中的不和諧因素全部剔除。

**忙亂是工作的大忌，與走音是唱歌的大忌一樣。**既然決定要做一件事情，就應該想盡辦法做好它，不要把它做成四不像。正如演奏音樂，如果樂器是一把失調的小提琴，就算是義大利偉大的音樂家帕格尼尼也無法演奏和諧的旋律。演奏和諧的音樂切忌使用失調的樂器，做其他事情也是同樣的道理。

很多人在憂慮中耗費許多精力，不僅無法完成預期的任務，還會嚴重損害自己的創造力。憂慮會抑制人們才能的發揮，一個經常感到憂慮不安的人，很難在工作中有好的表現。無論是什麼導致這種憂慮，解決的唯一方法就是堅定信念。只有信念堅定的人，才可以開啟生命的希望之窗。只有信念堅定的人，才可以勇往直前，開創一片屬於自己的天地。所有的奇蹟，都是源自堅定的信念。

準備不足就匆忙上陣，往往會造成做事過程中信念不堅，憂慮重重，最終導致失敗。無論做任何事情都應該有堅定的信念，否則就會在憂慮遲疑中浪費精力。**想要消除憂慮，就要避免擔憂事情的結果，否則任由自己的情緒被憂慮佔據，想要取得成功幾乎就是不可能的事情**。無論你已經付出多少，如果你的情緒被憂慮掌控，一切就會成為徒勞。困難降臨的時候，想要讓所有事情順利進行，一定要避免憂慮，將所有精力全部傾注於解決困難的過程中。人們的創新能力會在憂慮中逐漸消失，與此同時，恐懼感也會因為憂慮不斷加劇。憂慮造成人們情緒的起伏不定，進而給各種消極情緒可乘之機，讓人們陷入更深的憂慮與絕望中。事實上，憂慮對人們而言完全是沒有必要的。每個人都有掌控自己命運的能力，這一點毋庸置疑。

有一個漂亮的女演員說：「想要讓自己變得美麗，一定要遠離憂慮。可以這樣說，美麗會被憂慮毀滅殆盡。一個憂慮的人，會失去活力與鬥志、自信與快樂，其容顏會在憂慮中不斷磨蝕，其生活也會在憂慮中變得挫折重重。**所以，任何一個想要得到美麗的人，都要避免憂慮明日之事，釋懷昨日之事。**做到這些，美麗之門就會為你開啟。」

我們的時間和精力都是十分寶貴的，但是有很多人把它們浪費在無聊的事情上。

在現實生活中，如果我們因為一些小事而抱怨不已，感到痛苦、焦慮、煩躁，是十分不明智的行為，這樣做只會擾亂我們內心的平靜和思維的順暢。

有些人雖然看起來不起眼，無法成就事業，但是他們的破壞力卻是驚人的。這種人就像嵌入身體裡的刺，讓我們感到隱隱作痛，卻難以將它拔除。他們總是喜歡誇大別人的問題，甚至到達扭曲事實的地步，這種小題大做的行為，將會把事情鬧得無法收拾。他們就像鞋子裡的沙讓人難受，但是我們很難在公眾面前擺脫他們。

在我們的生活中，還有很多有意義的事情可以做，不要為了毫無意義的事情而破壞自己的好心情。我們應該把這些事情果斷拋開，讓自己每一天都過得充實。讓它們都過去吧，不要再去理會，除非它們真的影響到你的生活。輪船在航行中因為超過負荷而遇到危險的時候，必須果斷拋棄那些沒有價值的物品。對於每個人來說也是如此，要懂得捨棄那些無意義的事情，如果將它們都放在心上，對我們只有壞處而沒有好處，徒增我們的煩惱。

我們沒有太多時間可以浪費，想要成就自己輝煌的一生，就要把握每一分每一秒，實現自我價值和社會價值，這樣的人生才是真正有意義。想要成就事業，就不要把時間和精力浪費在無意義的事情上，這樣做會使我們的努力付諸東流，整日疲累不堪卻毫無所成。因為我們的精力就像一個破洞的氣球，付出再多都是白白流失。

不要把自己的精力花費在煩惱和焦慮上，這樣不僅對我們毫無益處，還會使我們的生活變得不健康。對於所有會使我們的思想變得消極而焦慮的事物，我們都應該摒棄，只有這樣，才會使我們的生命爆發最大的能量。愉快而美好的生活很容易獲得，只要我們可以隨時勇敢地面對，並且接受現實。

很少有人可以真正做到不受生活中那些無足輕重的事情影響。想要做到這一點，就要隨時提醒自己：**「生命對於強者來說，只是一個毫無難度的遊戲。我如果想要成功，隨時隨地都可以。只有那些蠢人才會被無關緊要的事情困擾，讓自己終日疲於奔命，一事無成。」**保持平和穩定的心態，對於從事任何工作的人而言，都是很有必要的。我們應該珍惜人生，以平和的心態去迎接生命中的每一刻。做到這一點，才可以在每次挑戰來臨之際，做好充足的準備，積極應戰。

**我們需要和諧的心理狀態，這是高效率工作的必備條件。**想要保持工作的高效率，最忌諱將恐懼、憂慮、憤怒、嫉妒、自私、貪欲等不良情緒帶入工作中。總是被這類負面情緒控制的人，其成功的可能性微乎其微。

保持良好的心態會給人們帶來巨大的收益，所以永遠不要在調整心態這件事情上吝惜時間。只要你對成功抱持強烈願望，不管現在從事什麼工作，成功總有一日會屬於你。想要找到打開成功大門的鑰匙，就要找回失去的自我。在認清自我的前提下，才可以將通往成功的道路看得更清楚。

想要使自己的心態保持平和穩定，想要讓自己的才能得到最大限度的發揮，不是一件容易的事情。你要對自己提出嚴格要求，在開始做每件事情之前，與自己進行一次內容深刻的對話。**你可以試著這樣對自己說：「做這件事情可以讓我的才能得到很大的發揮空間，所以是時候開始做這件事情。我要竭盡所能，最大限度地發揮自己的才能，不給自己留任何退路，不給膽怯與軟弱任何出現的機會。」**

# 對美的追求，是一件重要的事情

高超的審美能力會帶給人們前所未有的活力，幫助其消除疲乏和振作精神，以極大的熱忱投入生活與工作，會對人們保持身心健康產生促進作用，並且可以不斷淨化其靈魂，提升其思維能力。

**審美能力的培養，必須建立在對美的感知與鑑賞的基礎上。**審美能力是無可取代的，具備審美能力的人，可以全心親近自然和宇宙，感受到旁人無法感受的神聖高貴之美，體會到旁人無法體會的安寧與幸福。這樣的人對萬事萬物都會抱持虔誠的心，他們熱愛生活，享受陽光，是真正快樂的人。

**審美能力的培養，對人們走向成功、追求快樂、贏取幸福大有幫助。**羅斯金對於美的執著追求，使得他的生活充滿常人難以企及的高尚魅力。他可以在生活中保持樂觀豁達和積極向上的態度，正是源於自身對美的熱愛與追求，他的靈魂在追求美的過程中不斷得到淨化。他可以用飽滿的熱情投入生活，也是源自其對藝術之美與自然之美的不斷追求。對美的熱愛與追求，賜予他出色的審美能力，讓他可以體會到陽光的溫暖、情感的動人、回憶的甜美，以及其他旁人無法深切感知的美。一個人有這樣豐富的內心世界以後，就會將所有人的目光吸引到自己的身上。

**審美能力的培養與智力的培養同等重要**。這種能力到底有什麼作用，或許在短時間之內難以展露，但是總有一天，它會發揮自己的作用。到那個時候，人們不管身處何地，都會將對美的追求列為人生的目標。對這些人而言，生活中所有的美都是上帝賜予自己的恩惠。如果每個人都可以做到這些，社會就可以步入有序發展的軌道。不管人們將精力傾注於何處，都無法得到比之更豐盛的收穫。因此，將精力用於培養自己的審美能力，是一個非常明智的選擇。

庸俗並非人類的本性，每個人生來就具備追求美的能力，如何將這種能力開發出來，就是人們應該做的工作。**培養高尚美好的品格，是人類一生中最重要的使命**。每個擁有這種品格的人都會從中受益匪淺，在他們眼中，美可以說是無處不在。

想要擁有對美的感知力，就要培養高尚美好的品格。**審美能力除了可以賜予人們幸福快樂的生活以外，還可以促使其高效率工作，對其事業發展大有裨益**。在審美能力高超的人眼中，整個世界都會變得充滿希望。在這樣的世界中，人們會生活得更舒適和快樂，在通往成功的道路上，會走得更有信心。

人們生來就具備熱愛美和追求美的天性，然而要將這種天性開發出來，培養其對美的感知力與鑑賞力，就要借助聽力與視力才可以實現。對自然之美的感知，都要借助聽力與視力，例如：美麗的花朵、洶湧的大河、巍峨的高山。想要真正領悟美的真諦，一定要親眼去看，親耳去聽，與自然景致近距離接觸。如果一個人對美毫無半分愛慕，他的品格將會乏善可陳，他的人生也會被黑暗籠罩。

**對美的熱愛與追求，可以幫助人們培養高尚的情操，不斷完善自己的人格。**對美的熱愛，會賜予人們一種強大而未知的力量，在這種力量的作用下，人們會自動摒棄腦海中膚淺的思想，不再將金錢視為人生的首要追求，而是將高尚的品格作為自己終生奮鬥的目標。在對孩子的培養過程中，如果缺少審美教育，就會使之走上歧路。這樣的孩子對美毫無感知，更不必妄談培養高尚的人格。在他們的眼中，只看得到金錢等物質資源，但其精神世界卻是一片荒漠。

想要充實自己的人生，就要培養對自然之美和藝術之美的熱愛與追求。想要讓自己的人生走向完美，就要具備愛美之心。高尚的品格是建築在愛美的基礎上，一個人之所以會養成現在的性格，或許與別人對自己的影響關係不大。然而，一個人的性格形成，卻容易受到自然界中各種美好景物的影響。每個愛美之人都無法忽視美帶給自己的巨大影響力。

愛美之心可以幫助人們保持身心健康。人們可以從美好的事物中，感受到一種深入內心的強大力量。借助這種力量，人們會隨時保持清醒和理智，將自己體內的潛能激發出來，以最好的精神狀態投入工作。

**對美的熱愛與追求，會使人們自動遠離膚淺，避免精神生活的貧乏，讓整個生命都充實起來。**精神上的追求才是最可貴的，任何人在任何情況下都應該牢記這一點，千萬不可因為追逐物質財富而放鬆對精神世界的建設。

不管是在職場還是在藝術領域，人們只要堅持對美的熱愛與追求，就可能會有一番作為。美好會永遠存在於愛美者心中，並且在其言談舉止中表露無遺。如果一個學者心存美好，他在學術上就會十分嚴謹，精益求精，周圍的人也會對他尊敬有加。如果一個工程師心存美好，他在設計機器的時候就會內外兼顧，讓機器在擁有強大功能的同時，兼具美觀大方的外形。

**不注重對孩子們審美能力的培養，是家庭教育中普遍存在的弊病。**孩童階段是人類對美最具感知力的時期，周圍所有的景物都會對孩子們的審美能力造成影響，所有看似不起眼的東西都有可能激發他們的想像力與創造力，例如：壁畫和餐具。家長們如果想培養孩子們的審美能力，就要抓住各種各樣的機會，讓其體驗到各種形式的美，例如：名著、音樂、詩歌，都是不錯的選擇。

美對於人們的影響會直到內心深處，而非流於外表。**在人們的一生中，培養審美能力的重要性，絕對不亞於對智力的培養。**對孩子們的教育尤其要注意這一點，不管是學校教育也好，家庭教育也罷，都應該竭盡全力培養孩子們的愛美之心，並且讓對美的熱愛與追求貫穿他們生命的始終。

對美的不懈追求，是人生中至關重要的一件事情。在美的薰陶中長大是人生的一大幸事，因為美可以賜予人們巨大的財富，旁人無法剝奪。

去鄉村欣賞美景，會為你帶來非凡的享受，讓你的審美能力在這個過程中得到提升。事實上，絕大多數人的審美能力都開發不足。鄉村在那些審美能力極強的人眼中，就像一座恢弘壯觀的宮殿，自然景致如畫，美麗動人。徜徉在鄉村，可以切身感受到柔和的清風、潺潺的小溪、清脆的鳥鳴、馥郁的花香，令人沉醉其間，心曠神怡。耳中間或捕捉到微微的風聲和細細的蟲鳴，聲音與景致配合得天衣無縫。還有壯麗的晚霞與山巒作為背景，所有這一切共同描繪一幅醉人的美景圖，讓人流連忘返。不管你有多少物質財富，都無法買來這樣怡然自得的心境。**因此，想要真正發掘自然之美，並且借助其提升自己的審美能力，重獲快樂，不妨先將所有煩惱拋諸腦後，重歸自然，全心與自然景物融為一體。**

某種神秘的力量就孕育在這種自然之美中，錯失這種美的感受，就是錯失人生的一大快樂，將會造成你一生的遺憾。有一次，我險些與這種奇妙的感受擦身而過：那一次，我準備穿越大峽谷。我坐在公車上，在山路上顛簸行進將近一百英里。當時，我全身酸痛，已經沒有任何力氣。正當我覺得自己就要堅持不下去，準備退縮的時候，突然被山下的景象所震撼。我只是不經意往山下一瞥，那座聞名遐邇的大峽谷瀑布就映入眼簾。那一刻，太陽剛擺脫雲朵的環繞，燦爛的陽光照遍大地的每個角落。我覺得自己的疲倦與痛苦都在看到這幅壯麗的畫卷之後消失得無影無蹤。我完全沉溺其中，無法自拔。我從來沒有看過這樣壯麗的美景，心裡的震撼久久難以平復。面對那一幕，煩惱瞬間就被拋到九霄雲外，我的思想境界得到極大的提升，竟然不由自主地流出感動的淚水。

《聖經》記載，上帝對自己親手造出的人寄予厚望，希望他們可以像自己一樣美好，因為上帝完全是依據自己的形象來造人。上帝熱愛美，這一點毋庸置疑。因此，每個人都要相信自己是上帝的寵兒，從一出生就被上帝賦予對美的感知力與鑑賞力。

**所有人生來就具備優雅的天性，之所以會有那麼多人言談舉止粗魯不堪，原因就是他**

**們從未珍惜並且開發和利用這種天性**。上帝賦予人們愛美的天性，所有人都應該重視，並且積極發揮這種美好的天性。

人們對於完美的嚮往，使得外在美在生活中備受喜愛。所有可以展現美的自然景物或是人，都會讓人們從心裡產生深深的敬慕之情。

乏善可陳的生活，會因為愛美之心而發生徹底轉變。對美的熱愛與追求，會讓人們生活得更快樂和滿足。美就像陽光一樣，照亮人們內心深處的每個角落。不管周圍的環境有多麼糟糕，只要有愛美之心，就有最堅定的精神支柱，幫助自己維持平和而強大的內心世界。假如沒有對美的追求，人們的生活就會變得枯燥無趣。

我們可以透過感知美與欣賞美，得到巨大的快樂與滿足，這是其他經歷無法賜予我們的。對孩子們進行審美能力的培養，可以幫助他們健康成長，將本性中美好善良的一面開發出來。同時，可以提升他們的定力以及明辨是非的能力，幫助其抵禦各種各樣的不良誘導。這樣的孩子在長大以後，絕對不會走上歧路，做出違法犯罪的惡行。

想要培養孩子們的審美能力，不需要花費太多的時間與精力，這一點為人父母者可以放心。孩子們的心靈異常敏感，任何一個細節都會對其審美能力產生影響。合格的家長應該重視對孩子們審美能力的培養，不放過任何一個可以提升孩子審美能力的細節。家長們要不斷創造機會，讓孩子們多欣賞一些優美的音樂和精緻的藝術品，並且盡可能地讓孩子們多閱讀一些名著，讓他們從中感受到振奮人心的偉大力量。孩子們的眼界將在這樣的過程中得到拓展，其審美能力也會得到巨大提升。**人們一生的成敗都繫於自己人格的優劣，人格的形成很大程度上取決於童年時代所受的教導。**

每個人在誕生之初，體內都被上帝埋入審美的種子。想要讓這顆種子生根發芽，讓自己真正擁有對美的感知力與鑑賞力，就要不斷接受審美能力的培養。兩個嬰兒如果具備同樣的審美天分，但是出身卻截然不同，一個生在大富之家，一個生在貧民窟，他們接受的審美教育將會有天淵之別。過不了多久，這種巨大的差距就會在他們身上突顯出來。

**世界上缺乏的不是美，而是發現美的眼睛。**迄今為止，絕大多數人的審美能力仍嫌不足。人們如果沒有接受專業的審美訓練，就算生活中到處都有美，也無法發現。事實上，所有人的審美能力都未曾得到充分的釋放。

受過專業訓練的人可以很容易地感知到各種各樣的美，因此他們可以收穫一筆巨大的精神財富，享受到旁人無法享受的幸福與滿足。想要做到這一點不困難，只要我們從現在開始用心培養自己的審美能力就可以。

# 加強個人的魅力和獨特性格

**每個人都有自己獨特的個性，這是人們彼此之間巨大差異的來源。**這種獨特的個性造就美國總統林肯，他憑藉鮮明的個性而受到民眾的喜愛。美國國會議員亨利・克萊也憑藉具有感染力的個性，成功地點燃選民們的激情，使他們成為自己的追隨者。美國政治家約翰・考宏儘管在能力上比克萊更出色，但是卻欠缺這份感染力。像林肯和克萊這樣可以成功喚起民眾高昂熱情的個人魅力，是偉大如韋伯斯特和薩繆爾都不具備的。

**有一個歷史學家曾經說：「一個成功的演說家，首先要有氣質，還要有很強的個人魅力。」**個人魅力從一定程度上說，只是個人氣質的外在表現。我們身邊的同學和朋友中，哪些將來會成為富有個人魅力的人，完全可以憑藉其氣質來判斷。然而，我們很少把這種個人氣質帶來的個人魅力也算作一個人成功的資本，往往只根據他的能力大小來推斷他的前途。**對於我們來說，受教育程度和聰明程度與個人魅力都很重要，三者平分秋色。**這種個人魅力與我們的生活關係緊密，甚至可以決定我們的成敗。生活中，總是可以看到一些能力一般卻大獲成功的人，他們的成功正是源於自己卓越的個人魅力和優雅得體的舉止。那些缺乏個人魅力而毫無感染力的人，即使再聰明或是學識再淵博，也無法迅速取得事業上的突破。

演說家們具備的個人魅力往往是千差萬別的。一個優秀的演說家，其演講帶有豐富的個人情感，而不是照本宣科地念演講稿。只有富有個人情感的演講，才可以真正打動觀眾，沒有融入情感的演講是空洞而毫無感染力的，人們在聽這樣的演講的時候，必定會心不在焉。有魅力的演說家都懂得以情動人，他們的演講總是活力四射，具有壓倒一切的氣勢，讓所有觀眾心服口服，並且欽佩不已。他們的身上彷彿有一種與生俱來的感染力，正是這種強烈的個人魅力，讓他們的演講具有非凡的影響力。

**個人魅力擁有獨特的感染力，可以極大地影響和改變周遭事物。**它可以使最冷酷無情的人也為之動心，甚至可以改變民族和國家的未來。

這種具有個人魅力的人，可以讓身邊所有人的心胸變得開闊，這股神奇的力量不知不覺地感染我們和影響我們，使我們可以開發體內深藏不露的潛力。他們指引人們找尋生命的活力，為我們拓寬生活的天地。他們可以使周圍的人放下心中積壓已久的重負，達到一種完全放鬆的狀態。

我們都期待與富有魅力的人交談，因為與他們交談是一種享受。**我們會在與有魅力的人交談的過程中，變得前所未有的伶牙俐齒和能言善辯，這種超越過往的出色表現，正是由於他們挖掘我們身上蘊藏的潛力。**他們可以讓人們心中充滿希望，並且具有靈感，可以激發人們勇於探索未知領域的決心，使人們變得鬥志昂揚，進而因為羨慕他們超強的自信和個人魅力而努力向他們學習。

具有個人魅力的人，可以瞬間點亮你心中的希望，為你的生活注入溫暖和煦的陽光，使你不再生活在寒冷陰暗中，不再萎靡不振和悲觀失落，你的潛力將在此時得到快速而全面的釋放。我們的生活可以重見光明，充滿歡樂和希望，原本的悲哀和絕望將不復存在。他們幫助我們清除生活中所有悲傷和愁苦，使我們看到生活美好的一面，找到自己真正而崇高的人生理想。

具有個人魅力的人，擁有一種神奇的能力，幾秒鐘的相處就可以讓我們受益匪淺，獲得加倍增長的力量。我們想要留住這些賜予我們力量的天使，害怕他們將我們體內的力量也帶走。

然而，我們也會遇到一些永遠不想再看到的人。我們的活力會在遇到這種人的時候消失得無影無蹤，只剩下寒冷刺骨的感覺。靠近他們身邊，會讓人產生一種在炎炎夏日突然遭遇凜冽北風的感覺，讓人渾身戰慄，恐懼不已。我們甚至會感覺到一種無力感，全身的力量都被抽空，就像突然被接通可以讓人萎靡不振的電流。絕對不要妄想可以從他們臉上得到一個微笑的回應。他們的存在抑制我們的激情與靈感，他們帶來一種烏雲般低沉和絕望的感覺，使我們原本明朗的天空變得暗淡無光。

與這種人在一起，我們將會處於茫然失措和煩躁不安的狀態，做任何事情都無法順利地完成。這種人只會阻礙我們的成功之路，使我們喪失追求進步的欲望，絕對不會做出支持和鼓勵我們的舉動。這是我們的經驗所得，憑直覺就可以做出判斷。我們的夢想和情感與個人魅力都會在與這種人接觸的過程中消失得無影無蹤，我們的生活也會因為他們的到來而失去色彩。他們擁有和富有魅力之人同樣大的影響力，但是只會給人造成負面影響。我們想要成功，就要遠離這種人，避免和他們接觸。

**這兩種人最大的不同就在於前者會對同類愛護有加，後者只會對同類加以排斥。**大部分有魅力的人是生來就有個人魅力，甚至可以讓人一見傾心。但是在現實生活中，有些人的魅力是後天養成的，這些人都是人民的公僕，他們無私地為社會做出貢獻。這樣的人備受人們的愛戴和信任，即使他是一個儀表和舉止都不夠優雅的粗人。他們可以全面掌握大局，並且對周圍的人產生勉勵的作用。每個人都可以透過努力變成這種具有人格魅力的人，成為以上兩種人之中的一種。

個性雖然是一種沒有實體的存在，但是經由上文的論述，我們得知它擁有巨大而神奇的力量，這種力量極大地促進我們的成功。這種獨特的個人魅力與外貌毫無關係，在很多女士身上都可以發現。那些長得漂亮的女士往往只是平庸之輩，例如：法國有許多相貌平凡但是氣質高貴的女士，她們經常舉辦沙龍，高雅的氣質甚至可以讓盛裝的國王顯得黯然失色。

那些擁有極大魅力的女士就像是社交活動中的磁鐵，總是可以在談話氣氛趨於冷淡的時候站出來，打破這種僵局，使氣氛重新活躍。在這種社交場合，可能有人比她們更美，但是沒有人比她們更有魅力。人們都會被她們的魅力所吸引，渴望可以有幸與她們交談，認為這是自己最大的榮耀。這些人雖然知道自身擁有的能力，並且可以很好地加以利用，但是他們不瞭解自身能力的來源。就像創作詩歌和音樂的能力，不僅需要後天的努力，更需要依靠天分，這種能力太過珍貴，使得人們往往忽略它的來源。

**這種如同磁鐵般的魅力，對外界的吸引力主要來自優雅大方的儀態和舉止。**此外，言行舉止得體也是這個吸引力的重要來源。他們懂得審時度勢，在各種場合都可以說出適當的話語，並且做出適當的舉動。見識廣泛和敏銳的判斷力，也是一個擁有過人魅力的人必須具備的。我們的成功在很大程度上取決於我們具備的個人魅力的大小。我們對別人做出那些有損其尊嚴的不當評價，我們的個人魅力也會因此受損。

我們最有價值的一種投入，就是學習與別人愉快相處之道，這也是一門藝術。**我們最應該具備的能力是：個性寬容隨和，言行謙和有禮。**相對於所有以金錢作為資本的投入來說，這種投入的回報更巨大。這種優秀的品格會使我們受到普遍的歡迎，它是一把可以打開成功之門的鑰匙。

親切而隨和的性格對事業處於起步階段的人來說是最好的助手，它可以幫助人們走向成功。**很多成功創業者認為，想要取得事業上的成功，最重要的是：具備無論何時都樂於助人的優秀品格。**林肯就是這樣的人，他無論何時都可以和別人融洽相處，並且樂於助人。亨恩頓是林肯在律師事務所的合夥人，他曾經這樣評價林肯：「如果有人去他的公寓住，他肯定是自己打地鋪，也要將床讓給客人睡。他是人們遇到困難以後尋求幫助的第一人選，這一點是毋庸置疑的。」林肯之所以廣受民眾的愛戴，與他樂於助人的優秀品格密不可分。

**為別人帶來歡樂的能力是金錢不能換來的，非凡的魅力和溫柔的性格是無價之寶。這**

**種人在任何地方都會大受歡迎，而不只是在商場上。**這種品格使得律師有更多的客戶，醫生有更多的病人，公務員更得到民眾的喜愛。這種品格對政治家來說尤其重要，他們應該隨時注意培養自身的優雅舉止，不分地域不分官職都應該如此，因為這樣做會使其個人魅力不斷地增長。這種迷人的魅力會為其帶來成就事業所需要的群眾基礎，得到人們的擁戴。擁有這種優秀品格的人，往往是備受矚目的核心人物，他們更容易身居高位。

經營者個人魅力的大小，會直接影響其事業的發展成果，例如：有些商人的公司門庭若市，有些卻是門可羅雀，甚至以倒閉結束。真正具有魅力的人，會像磁鐵一樣將人們的注意力全部吸引過來，使所有人都聚集在自己周圍。

這種人在做生意的時候，無需費力就會有源源不斷的客戶，他們是上帝的寵兒，就像磁鐵一樣具有吸引力。他們身上具備的優秀品格使他們具有魅力和感染力，我們觀察以後不難發現，這正是他們獲得成功的原因。有些人卻只能望塵莫及，即使再努力也沒有用。

**很多取得優異成績的商人，將自己的成功歸功於迷人的氣質和優雅的舉止。**雖然他們的才華也是成功的主要因素，但是他們的才華得以施展的前提是具備這些優秀品格。這些優秀品格的重要性，甚至超過技能培訓、聰明能幹、深思熟慮三者的總和。粗魯的言行會使客戶不再光顧你，這是不管你多麼聰明能幹和富有才華都無法改變的結果。成功之門不會向那些總是與別人處於對立面的人敞開，這種人會逐漸將自己推向不利的境地，最終甚至會失去立足之地。

**想要取得事業上良好的發展，增加成功的籌碼，就要樹立良好的聲譽**。我們應該隨時遏制不良習慣和自私想法，做到待人親切隨和而溫文爾雅，努力培養優秀的品格，向成熟穩重的形象看齊。成功總是更青睞那些性格良好並且富有魅力的人。

每個人都會在人生道路上遇到挫折和磨難，一場大火或一次水災，就可以將很多人的希望徹底毀滅，所以我們不可以輕視它們。很多人正是憑藉良好的聲譽，才可以在遭受天災人禍的毀滅性打擊以後堅強地站起來，並且重新走上成功之路。他們知道如何與別人愉快相處，隨時注意培養自己的這種優秀品格。他們懂得建立自己的個人魅力，對周圍的人形成如磁鐵般牢固的吸引力，為自己贏得更多的友誼。他們無論何時何地都是最受歡迎的人物，取得成功也是志在必得，因為這種優秀品格會使他們在工作中受到客戶的歡迎和喜愛。

**待人親切隨和的人也會有良好的聲譽，我們想要樹立良好的個人形象，這種品格是不可或缺的**。人們會對擁有這種品格的人稱讚有加，並且成功的品格也會被這種品格帶動起來。生來就具備非凡的品格，對大多數人來說可望而不可即，但是我們可以透過後天努力養成這種優秀品格，這種品格是構成自己個人魅力的重要因素。

**只有始終擁有好心情的人，才會讓人覺得有趣。只有這樣，才可以帶給周圍的人快樂。心胸寬廣是保持好心情的前提條件，人們絕對不會喜歡心胸狹窄的人。**看到這種人，人們就會遠遠地避開。我們應該真誠地對待身邊的人，保證我們的每句話和每個笑容都是內心的真情流露。這樣的人就算是鐵石心腸的人也無法拒絕，他們就像溫暖的陽光，讓人感到舒適。人們都樂於親近那些待人親切隨和的人，對他們敬愛有加，並且願意為他們提供幫助。

在現實生活中，沒有一個慷慨無私之人是不受歡迎的，他們很有魅力。但是對於那些自私而利己的人，人們瞧不起他們。

# 改正缺點，完善自我

波士頓人最看重才智，對於新認識的人，他們最感興趣的就是對方的學識如何。在費城，社會地位是大家關注的焦點。紐約人金錢至上，最受關注的是個人財富。然而，想要對一個人做出最全面的評價，只關注其才智和地位與財產中的任何一個方面都是片面的，必須綜合各方面的因素，才可以得出最真實的結論。閃亮的寶石即使蒙上灰塵，也無法改變其華麗的本質，可是卻會掩蓋其光輝。**赫拉思說：「將金子永遠埋在泥土中，它還有什麼價值？」**

**人們施加在別人身上最殘忍的刑罰，莫過於在別人的傷口上不斷地撒鹽，不停地提醒他們犯下的錯誤，心理正常的人絕對不會做出這樣的事情。**

當你面對一個因為長得不漂亮而經常遭人嘲笑的女孩時，應該幫助她樹立這樣的觀念：其實她根本就不醜，只是別人不懂得欣賞。你需要不斷地加強這個觀念在她腦海中的分量，直到她對此堅信不疑，徹底擺脫因為相貌而產生的巨大陰影。外表美是膚淺的，心靈美才是永恆的。人們要擁有美好的心靈，沒有必要為容貌欠佳而深感沮喪。

母親是最瞭解孩子們的人，孩子們的任何優點和缺點都瞞不過她們的眼睛。令人遺憾的是，很多母親總是喜歡挑出孩子們的缺點，讓孩子們自信盡失。這些母親當然沒有惡意，她們挑出孩子們的缺點，目的是希望孩子們可以努力克服這些缺點，不斷進步，只可惜事與願違。

所有母親都應該意識到這一點：想要讓孩子們徹底克服缺點，絕非三言兩語的批評就會生效。**正確的做法是：經常給孩子們讚美，讓他們在讚美聲中建立自信而勇敢前行，否則就會浪費孩子們的天分。**教育的目的就在於保持那些對孩子們的成長大有裨益的思想，這種思想會促使孩子們不斷改正自己的缺點，在平凡的人群中脫穎而出。

所有想要改正缺點和完善自我的人，都可以借助這個方法。那些無時無刻不在想著自己缺點的人，很難維持堅定的自信。由於缺少自信，其缺點會變得更嚴重，身陷消沉的情緒難以控制，給自己的成功之路造成巨大的阻礙。

想要發掘自己的優勢，就要努力將世界視為美好的天堂。如此一來，就可以對未來展開最美好的憧憬。每個人都應該將自己和其他人看作完美的個體，在上帝面前都是平等的，都是充滿自信和意志堅定的優秀人才。

**鼓勵的話語可以帶給人們力量，所以我們應該善於以名言警句激勵自己**。有一次，麥克・安吉羅去看望一個朋友，即畫家萊菲爾。但是萊菲爾正好外出，安吉羅為了表達自己的敬意，在他的畫布上寫下「了不起」三個字。萊菲爾回家看到以後，又激動又歡喜。他深受鼓勵，隨時努力向這個目標看齊，終於成為一個很有成就的畫家。這句話對每個人都適用，在奮鬥的過程中，我們應該隨時以此勉勵自己。

一個好的牧師可以將無數人從墮落的深淵中拯救出來，因為他堅信每個人都有一個守護天使。無論這個人有多少缺點，還是有閃閃發光的優點，會幫助他在絕境中重塑希望。沒有人會費盡心思幫助那些讓人徹底絕望的人，但是只要有一絲希望，人們就會用盡全力拯救他的靈魂。

菲利普・布魯克曾經成功拯救無數墮落的靈魂，**他成功的訣竅是：不管這些人的形象多麼糟糕，總是可以找出一些優點**。正是這些優點，讓他們意識到上帝沒有遺棄自己，進而重拾信心與勇氣，努力過著正常人的生活。

有一個性情十分隨和的女士，與所有人都相處融洽，甚至包括那些怪脾氣的人，讓人感到很好奇。**她這樣解答人們的疑問：「不要總是盯著別人的缺點，而是努力發現別人的**

**優點。這樣做你會發現，與別人相處是一件很容易的事情。**」正所謂「君子和而不同」，我們不能讓挑剔和批評的目光蒙蔽別人身上的閃光之處。

約翰是奧爾良一個為非作歹的惡霸，曾經被判處重刑。然而就是這個人，卻在一場瘟疫中，展示自己人格中最偉大的亮點。

瘟疫爆發以後，約翰主動提出申請，要加入醫護人員的隊伍。起初，這個要求遭到醫生拒絕。約翰不氣餒，堅持地說：「無論如何，我都要參加。請你給我一個星期的試用期，如果我的表現不能滿足你的要求，你就辭退我！」醫生承受不住他的死纏爛打，只好答應他。

約翰的表現出乎所有人的預料，在加入醫護隊伍幾個星期以後，就成為一個盡職盡責的醫護人員。他就像守護天使一樣，隨時在疫區的第一線，衣不解帶地照顧病患。皇天不負苦心人，表現優秀的約翰終於贏得所有患者與同事的尊敬。

不僅如此，約翰還將自己的所得全部捐獻給醫護組織，以救助更多的病患。不久之後，約翰也染上疫病，並且很快去世。他的墓碑上連名字都沒有刻，人們對於他的過去所知甚少，唯一可以證明他身分的就是胸口的一塊烙印，那是重刑犯的醒目標誌。這個將自己的生命無私地奉獻給病患的醫護人員，竟然曾經是一個犯下重罪的囚犯！

**我們不僅要全面地看待別人，還要客觀地評價自己。不是所有人都有客觀評價自己的能力，但是這種能力卻是成功者必須具備的。**只有這樣，我們才可以清楚知道自己累積多少資本，以這些資本做基礎，我們可以制定怎樣的目標。明確這些以後，未來對我們就不再是一片未知，我們在奮鬥的道路上會更有自信。我們最終會成為自己命運的主宰者，而非躲在成功者身後的懦夫。

# 第二章

# 不要在原本應該奮鬥的時候選擇安逸

一個安於現狀的人會變得越來越懶惰。一個人如果沒有銳意進取和不怕困難的精神，很難取得成功。沒有人可以隨便地成功，每個偉大的人可以變得偉大，是因為他們經過無數的蛻變，忍受過磨礪，經歷過痛苦。如果你埋怨自己的平凡，不如逼自己一把，好好奮鬥一番，就會有一個好的結果。

# 機會無處不在，只看你要不要把握

羅維爾說：「天大地大，總有一個真正適合你的工作在等著你。」

**奧斯丁．菲爾普斯說：「成功者必須具備三項素質：一是無時無刻不在尋覓成功的機會；二是成功的機會如果來臨，就要當機立斷，將其牢牢抓在手中；三是要充分利用這個難得的機會，千方百計展開對成功的追求。」**

波利說：「對於所有人而言，機會每天都會產生。對於其中某個人而言，這就是通往成功最關鍵的一次機會，如果錯失，永遠不會再來。我們要將每個看似尋常的機會牢牢抓在手中，想盡辦法利用其獲得成功，而非等待那些極為難得的機會出現才採取行動。」

強者會主動創造成功的機會，弱者只會被動等待機會的降臨。**夏繽說：「優秀的人會尋找機會，抓緊機會，利用機會，成為機會的主人。他們不會苦苦等待機會，讓自己淪為機會的僕人。」**

機會無處不在，只要你立刻採取行動，將它們緊緊抓在手中，並且進行充分利用，就可以取得相應的成就。相對於它們，那些非比尋常的機會降臨到你身上的可能性甚至不到百萬分之一。

喬治・艾格斯頓是一個紀實小說家，曾經在一篇小說中描述以下的情節：

有一天，希格諾・法列羅邀請很多客人來家裡參加宴會。宴會即將開始的時候，製作點心的工作人員突然派人過來對管家說，他擺在桌上的那個巨大的點心裝飾壞掉了。管家一聽，急得不知所措。

就在這個時候，有一個在廚房打雜的孩子來到管家身邊，小心翼翼地提議：「不知道您是否可以讓我試一下，也許我可以做出一件替代品。」「你是誰？」管家不可置信地高聲喊著：「就憑你也敢誇下這種海口？」孩子嚇得面色發白，回答：「我是雕塑家皮薩諾的孫子，我是安東尼奧・卡諾瓦。」

聽了這句話，管家開始有點動搖，又問他：「你真的可以嗎，孩子？」孩子緊張的情緒逐漸緩和下來，回答：「只要您給我一次嘗試的機會，我想我可以做出一件替代品，放到桌上做裝飾。」管家看看無所適從的僕人們，終於答應卡諾瓦的請求，但是管家還是不放心，寸步不離地守在卡諾瓦身邊，想要看他究竟怎樣製作這個替代品。

卡諾瓦鎮定地命令僕人取來大量奶油，隨即用這些奶油塑成一隻蹲坐的獅子。管家看著這隻栩栩如生的獅子，幾乎無法相信自己的眼睛。宴會即將開始，他立刻吩咐僕人將這隻獅子擺到桌上。

宴會之中，群賢畢至，其中有水準高超的藝術評論家、傑出的企業家、身分高貴的貴族，甚至連王子殿下也來參加這場宴會。來到餐廳以後，所有客人的注意力都被桌上的奶油獅子吸引，異口同聲地認定這個作品出自天才之手。他們忘記自己來這裡是為了參加宴會，全部駐足在獅子面前流連忘返，將這場宴會變成奶油獅子鑑賞宴。

這些客人一邊欣賞奶油獅子，一邊追問法列羅這是哪位大師的作品。難得大師竟然願意在這種即將融化的裝飾上花費如此心血，簡直就是對自己天才本領的浪費。法列羅也是一無所知，只好叫來管家詢問具體情況。很快的，這件藝術品的作者卡諾瓦就在所有客人的面前現身。

這個真相讓所有客人都為之震撼，這個孩子匆忙之間做成的奶油獅子，其水準竟然堪比雕塑大師！客人們在驚訝之餘，紛紛對卡諾瓦表示讚美。宴會的主人法列羅立刻表示，為了將這個孩子培養成才，他願意出錢請最優秀的老師來教導他。

難得的是，幼小的卡諾瓦沒有在眾人的讚美聲中迷失方向，他始終保持質樸善良的本性，將所有熱忱投入到雕塑學習中。卡諾瓦在眾人面前首度嶄露頭角，將自己在雕塑方面的天分發揮出來，這件事情不為很多人所知，可是後來雕塑大師卡諾瓦的名字卻無人不知。卡諾瓦抓住這次良機，在世界雕塑史上名垂千古。

帝恩・埃爾福特說：「在人們的一生中，某些關鍵時刻的影響力，甚至超過其生命中的幾年時間。對於這一點，任何人都無能為力。**時間是世界上最強大的東西，短短的五分鐘時間，就有可能產生影響人們一生成敗的重大事件**。這一切的發生，往往事先沒有任何徵兆。所有人都沒有意識到這就是他們一生成敗的關鍵時刻，這個時刻就已經匆匆過去。」

阿諾德說：「在人們的一生中，所有重要的轉折都發生在由量變引起質變的剎那。想要不斷累積這些量變，最終達到質變的程度，就不能放過任何一個看似平凡的機會。」

將所有精力都用於尋覓重大機會，希望可以藉此一飛沖天，功成名就，是人們普遍存在的心理。不勞而獲是許多人的共同夢想，他們總是想要立刻變成令人仰望的偉人，不願意腳踏實地從最底層開始做起；他們總是想要立刻變得博學多才，不願意靜下心來勤奮地學習。

弱者總是在大喊：「機會！我需要機會！」他們總是將機會的缺少作為自己失敗的託

辭。殊不知，我們的生命中無時無刻不充滿各種各樣的機會。所有客戶，所有往來，所有交易，所有媒體報導，全部是一個又一個的機會。你可以充分利用每一次機會，展現自己的勇氣與才能，磨練自己的意志與信念，結交更多的良師益友。

大多數人在成功的機會面前膽怯退縮的時候，強者卻將機會緊緊抓在手中，憑藉自己堅持不懈的奮鬥，最後功成名就。我們可以在歷史的長河中尋找到無數這樣的事例，所有偉大的英雄人物總是可以在關鍵時刻抓住機會，做出一般人無法想像的豐功偉績，讓人們為之驚嘆不已。

在現代社會，人們遇到的困難再大，都比不上拿破崙在穿越阿爾卑斯山的時候所遇到的艱難險阻。世界上只有一個拿破崙，這個科西嘉人儘管身材矮小，卻可以創造讓所有人仰望的偉大成就。

**人類社會發展到現在，任何人都沒有資格向上帝求取成功的機會，因為在人們的生活中，到處都充滿機會，只看你要不要把握。**在成功的機會面前，人人平等，上帝不會賜予任何人恩寵。上帝的選民們曾經因為被紅海攔截而無法繼續前行，於是由他們的首領向上帝請求幫助。**上帝給他們的答覆是：「我的幫助對你們而言根本沒有必要，你們只要勇敢前進就可以！」**

在我們的生活中，工作機會多得數不勝數。每個人都有獲得成功的潛能，在這一點上，上帝對我們很公平。只要願意努力，所有人都可以擁有誠實善良的品格和堅定不移的信念，以及積極向上的進取心。生活在這個時代，機會可以說是無處不在，這些將會引領我們最終走向成功。人類是一種很特別的生物，在前進道路上遇到困難的時候，只要一些啟發或是一些幫助，就可以使之建立信心，昂首挺胸繼續前行。更何況，有那麼多成功人士在前面為我們引路，我們怎麼可以放任自己飽食終日而無所事事？

**一定要學會創造機會，而非守株待兔地等待機會到來**。牧羊為生的福格森用珠子來計算星辰的數目，喬治．史蒂芬生用粉筆在煤車上寫下數學定律，拿破崙在面對人們眼中的「不可能」狀況的時候迎難而上……他們都是為爭取成功創造機會的典型。

再好的機會對那些不懂得把握的人來說都一無是處，再壞的機會對那些懂得把握的人而言都意義非凡。所有人都應該努力為自己創造成功的機會，就像那些偉人所做的一樣。只有這樣，才可以抵達成功的終點。

**人生如河，奔流不息，生命的小船在其中行駛。**
**機會的缺少會讓小船要麼沉沒，要麼擱淺。**

# 這個世界，*Pushing to the Front*
# 沒有懷才不遇這件事

**想要抵達勝利的彼岸，只有牢牢把握機會，順流而行。機會一去不復返，把握它，就會看到勝利的曙光。不要因為內心的恐慌而膽怯，不要因為惰性的招手而妥協。光明的未來在前方向你招手，勇往直前地走下去，一直走到光明的盡頭。**

每個生活在這個世界上的人，都被上帝賜予獲取成功的機會。你可以做的，就是充分把握自己的機會，努力發揮自己的才能，昂首挺胸朝著成功前進。就像弗雷德里克・道格拉斯這種奴隸身分的人，都可以把握生命中罕有的機會，透過堅持不懈地努力奮鬥，成為著名的演說家和政治家。與他相比，現代社會的年輕人擁有的機會簡直多得數不勝數。如果還要抱怨機會不足，就要從自身找出原因。

詹姆士・菲爾德曾經講述一個故事：「有一天，霍桑和朗費羅，還有一個從塞勒姆來的朋友在一起吃晚餐。晚餐結束以後，這個朋友說：『我一直在遊說霍桑寫一本小說，小說的內容是關於阿卡迪亞的傳說。故事大意是：阿卡迪亞人在逃亡的過程中，有一個女孩與自己的愛人走散了。此後，這個女孩用盡一生的時間來尋覓自己的愛人。最後在醫院中找到自己的愛人，她已經是白髮蒼蒼的老嫗，她的愛人也離世了。』朗費羅對這個故事非常感興趣，對於霍桑不想以此寫一本小說，他覺得非常疑惑，於是問霍桑：『既然你沒有要以此為題材寫小說的想法，不如將這個題材借給我，我想要以此寫一首詩！』霍桑立刻答應，承諾在朗費羅的作品問世之前，他不會利用這個題材創作任何文學作品。朗費羅抓住這個看似不起眼的機會，創作敘事長詩《伊凡吉林》，這首詩被後世廣為流傳，為朗費羅贏得千秋盛名。

**有一句名言：「所有人都會受到幸運之神的光顧，但是幸運之神走入某人的大門，卻發現此人並未做好迎接自己的準備，就會從窗戶飛走，遠離此人。」**

畫室中，一個年輕人看著眼前的眾神雕像，不由得對其中一尊雕像產生好奇心。那尊雕像的腳上有一對翅膀，面容卻看不清楚，因為全部被頭髮遮擋。年輕人指著它問雕塑家：「這是誰？」雕塑家說：「這是掌管機會的神靈，叫做機會之神。」年輕人疑惑地問：「他的面容為什麼看不清楚？」「他靠近人們身旁的時候，很少有人可以把他看清楚。」「他的腳上怎麼有一對翅膀？」「既然人們無法把他看清楚，他再待下去也沒有意義，就靠著這對翅膀飛走了。這樣一來，人們再也看不到他。」

一位拉丁作家曾經說：「機會女神的頭髮長在額前，而非腦後。想要牢牢抓住她，就要抓緊她額前的頭髮，否則如果被她逃脫，再也不可能抓住她，就算是眾神之神宙斯也不可以。**如果一個人沒有利用機會的能力，甚至沒有利用機會的意願，什麼機會對他而言才算是好機會？**」

一個船長描述自己的親身經歷：「『中美洲』號遇難當晚，我曾經與之擦身而過。當時，天就要完全黑了，海上刮著大風，捲起驚濤駭浪。我向那艘又破又舊的汽船發出信號，問他們是否需要幫助。那艘船上的恆頓船長對我大喊：『現在情況越來越危險！』我對他大喊：『將乘客們轉移到我這艘船上吧！』恆頓船長卻說：『現在我還可以支撐得住，明天早上你再來幫忙吧！』我說：『到時候我會盡量過來，但是與其等到明天早上，不如現在就將乘客們轉移到我船上吧！』恆頓船長不採納我的建議，仍然堅持地說：「我一定可以支撐到明天早上，到時候你再來幫忙吧！」我嘗試接近那艘船，可惜在漆黑的夜晚，風急浪高，根本無法做到。過了一個半小時，『中美洲』號沉沒了，恆頓船長和所有乘客都葬身大海。」

存活的機會擺在恆頓船長面前的時候，他沒有及時把握，等到機會遠去，死亡的威脅迫在眉睫的時候，他一定會為自己的所作所為後悔不已。然而，到了那樣的時刻，再怎麼後悔也是於事無補，所有乘客都因為他而喪失最後生機。放眼我們周圍，像恆頓船長這樣的人，實在多得不勝枚舉。他們總是錯誤地高估自己的能力，如果遭受挫敗，又脆弱得無力還擊。只有慘痛的教訓擺在面前的時候，他們才會幡然悔悟。只可惜，機會已經一去不復返。

機會來臨的時候，他們永遠無法當機立斷，抓住機會，爭取成功。**約翰·古夫曾經說：「這種人有三隻手：左手，右手，以及遲手——無論做什麼，都會比別人遲一步。」**孩童時代，他們已經習慣上學遲到，做事的時候不乾脆俐落。所謂的「遲手」，就是從這個時候生長出來。

他們錯失良機而慘遭失敗的時候，就會後悔不已。他們總是在籌謀，如果時光可以倒流，生命可以重來，一定要將每個機會牢牢抓在手中。如果他們一開始就這樣做，現在就不會有這個結局。回想過去，他們曾經讓許多機會從身邊溜走，後來又出現許多可以對這些錯失做出補償的機會，可惜依舊被他們丟棄在一旁。等到今天，一切已成定局，再也無法挽回。最可怕的是，他們永遠無法發現近在眼前的機會，更沒有能力把握和利用這些機會，這種人永遠與成功相距萬里。

反之，在觀察力敏銳的人身邊，機會卻無處不在。**想要培養高尚的人格，建立崇高的事業，只要伸手抓住眼前的機會，並且為之付出百分之百的熱忱就可以。**

# 要麼不做，要麼做好

作為餐車上的煞車手，喬一直廣受人們的歡迎。無論是同事還是乘客都對他喜愛有加，原因就是他的性格非常樂觀。可惜，對於自己的工作，他卻不用心。他一直表現得很懶散，有時候還會喝酒。有人因此提出異議的時候，他就會笑著回應：「不要為我擔心！我的狀況非常好，謝謝你這麼關心我！」他說話的口氣如此輕鬆，反而讓對方覺得是自己判斷錯誤，也許這件事情根本沒有自己想像中的那麼嚴重。

一個寒夜，火車在行駛途中因為風暴而誤點，喬非常不耐煩地抱怨起來。這種糟糕的天氣真是麻煩，他一邊抱怨，一邊偷偷地喝酒。在酒精的作用下，他很快又恢復心情，與周圍的人有說有笑。在此期間，司機和所有列車員都在緊張地關注天氣和路面狀況。

火車行駛到兩個車站之間的時候，由於引擎的汽缸蓋發生故障，只能停止前進。另一輛火車在幾分鐘以後，就會沿著同一條鐵軌行駛過來，將會造成一場嚴重事故。在千鈞一髮的危急時刻，列車員匆忙地來到喬所在的車廂，吩咐他立刻亮起紅燈，給後面立刻就要到來的火車發出後退的信號。醉醺醺的喬絲毫不以為意，笑著說：「不要著急，讓我先穿上外套。」

「不能不急！」列車員的語氣異常嚴肅：「後面的火車立刻就要過來了！」

「好，我知道啦！」喬笑著答應。

列車員又飛快地趕回司機那邊，然而在列車員離開以後，喬沒有履行自己的承諾。他緩慢地穿上外套，因為覺得冷，又喝了一口酒。到這個時候，他終於提著用來傳達信號的燈籠下火車。

他在鐵軌上緩步而行，並且輕鬆地吹起口哨。未等他邁出十步，就聽到火車疾馳而來的巨大響聲。這個時候，他再想做出什麼挽回，也已經來不及。後面那輛火車撞擊在餐車上，餐車被撞得面目全非，只聽到蒸汽的響聲和乘客們的慘叫聲，情況無比慘烈。

混亂中，喬消失得無影無蹤。翌日，人們在一座穀倉中找到他的時候，他已經瘋了。那個用來傳達信號的燈籠還在他的手中，他不斷揮舞已經熄滅的燈籠，並且朝著一列不存在的火車呼喊：「喂，你們有看到我的信號嗎？」

之後，喬被送進精神病院。他每天在精神病院中不斷地呼喊：「喂，你們有看到我的信號嗎？喂，你們有看到我的信號嗎？」許多乘客的性命就葬送在他懶散的惡習下，他自己也遭到報應，餘生都生活在瘋癲與悔恨中。

許多人都在心中呼喊與喬類似的話語，只要可以獲得一個彌補錯誤的機會，就算要賠上自己的性命，他們也心甘情願。但是有些受到挫折的人，還是會做出得過且過的反應，「做一天和尚撞一天鐘」成為他們的人生信條。

想要讓人生充滿樂趣和希望，就要保持高昂的鬥志。只有這樣，才可以在追求成功的道路上全力以赴。一個缺乏鬥志和精神不振的人，即使才華過人，也難以避免走向失敗的結局。**失敗不可怕，可怕的是對失敗的屈服。人們應該不斷追求進步和成功，否則就會喪失生機與希望。**假如一個人現在的收入只可以維持日常生計，想要改善這個現狀，就要振作精神，鬥志昂揚地投入到自己的工作中。

一個人如果將自己的體力浪費在敷衍的工作過程中，註定一事無成。也就是說，對人生得過且過的人，根本無法找到自己在社會中的定位。在他們看來，任何一個工作都有人在做，並且做得比自己更好。他們對社會沒有任何貢獻，沒有他們的存在，社會還是正常運轉。帶著這種想法投入工作，可想而知他們的成果如何，別人對他們的評價又是如何。

如果畫家在作畫的時候三心二意，怎麼可能創作傳世名畫？與之形成鮮明對比的是那些獨立而勤奮的人，只有他們才可以得到社會的肯定。古往今來，所有偉大的作品都是作者全神貫注和精益求精的成果。

**勤奮的人從來不會浪費時間怨天尤人，他們無時無刻不在努力工作。只有懶散懈怠和敷衍塞責的人才會怨天尤人，抱怨命運不賜予自己成功的機會。**殊不知，再好的機會對這種人而言都形同虛設，他們的惰性只會讓自己錯失良機，最終一無所獲。相較於他們，真正的有心人卻可以從看似不起眼的細節中找到機會。這種人就像勤勞的蜜蜂，不放過每朵可以採蜜的花，窮盡一生的時間都在尋覓各種各樣的機會。每天遇到的每個人和每段生活經歷，對他們來說，都是一次機會。他們會把握這些機會，不斷增加自己的知識，提升自己的才能。

快樂會自動遠離那些做事敷衍之人，因為他們做的事情漏洞百出，不僅辜負別人的期望，也讓自己自慚形穢。只有做任何事情都追求完美無瑕，才可以減少我們生命中的各種缺憾，才可以讓我們感到成功與滿足，充實與愉悅。

**做任何事情都追求完美的人，會擁有昂揚向上的鬥志和海納百川的胸襟，以及純潔高尚的人格。好習慣對人們的幫助是任何事物無法比擬的。**

如果將人生比喻為蓋房子，對完美的追求就相當於奠基。一座房子是否堅固，關鍵就在於奠基。想要得到穩固的人生基石，就不能抱持敷衍的態度。敷衍這個工作，再敷衍那個工作，如此日積月累，也會變成被敷衍的一方。沒有打穩基石，如何建造堅不可摧的房屋？

凡事敷衍塞責的人，是註定的失敗者。一個追求完美的人，充實地度過一天以後，晚上臨睡之前，會擁有旁人難以想像的滿足感與成就感。

想要為自己的人生奠定穩固的基礎，就要從現在開始摒棄敷衍，努力養成追求完美的好習慣。你的才智會在這個過程中突飛猛進，你的身心會感受到前所未有的愉悅與滿足。想要成功的年輕人，當你們進入社會，開始嶄新的人生歷程，一定要養成凡事追求完美的好習慣，它會對你們的成功大有幫助！

總之，凡事追求完美對年輕人而言尤其重要。**人們應該養成良好的習慣：要麼不做，要麼做好。因為，付出多少，回報多少。**想要得到最好的回報，就要竭盡所能，做出最大的付出。史特拉第瓦里是一位優秀的小提琴製造家，他製作一把小提琴通常都要耗時良久，起初無法得到人們的理解，反而讓他成為別人的笑柄。然而，如今再看他費盡心血製造的小提琴，無一不是價值連城的珍品。

做事不追求完美的人，通常難以獲得成功，因為他們無法集中所有精力去做好一件事情，最大限度地將自己的潛能發揮出來。想要贏得成功，得到別人的認同，凡事追求盡善盡美很重要。

**如何成為一個偉大的人？其中一個途徑就是竭盡所能地追求完美，全心投入創造完美的過程中。**生活的熱情，來自對完美的追逐。我們要客觀而全面地分析自己和別人，取其精華，去其糟粕，才可以成就偉大的事業。

任何人都有能力把握自己的命運，只要努力養成良好的習慣，就可以看到成功的曙光。不要在乎別人的看法，堅定自己的信念，如果開始，就要做到最好。

查爾斯・金斯萊說：「只有傾盡所有，投入於一生的使命中，才可以擁有最崇高的人生目標，鍛造最勇敢堅韌的品格以及最強大無敵的自制力，最終圓滿完成自己的使命。」

**科爾頓說：「人類的一生如果只剩下一個追求，那就是人類最崇高的追求——對美德的追求。」愛默生也說：「美德的力量到底有多大，完全不可估量，但是其價值一定在人類所有的追求中佔據最重要的位置。」**

無論做什麼事情，都應該追求完美，切忌敷衍塞責，否則只會遭人鄙棄。在這個社會中，只有勤奮踏實和工作細心的人，才可以在競爭中佔據有利地位。凡事只會敷衍的人，在生活中會經常碰壁，他們走投無路的時候，沒有人會對他們伸出援手，因為他們不幫助自己，怎麼可能奢望別人幫助？即使別人願意幫忙，也是徒勞無益。

**有一個大型機構的建築上寫著一句話：「這裡是一個要求完美的地方。」每個人都應該以這個標準要求自己，凡事追求完美，會使我們的生活取得顯著的進步。**

因為鬆懈懶散和怠忽職守而導致的重大事故，在歷史上不計其數。發生在賓夕法尼亞州奧斯丁鎮的海水決堤事故，就是一個典型的例子。這個事故造成無數的傷亡和財產損失，究其原因，就是因為工人在打地基的時候態度敷衍，不按照原計畫施工。我們只有將所有工作做到盡善盡美，才可以避免發生類似的悲劇。這種處世態度不僅可以避免悲劇發生，也可以使我們的品格得到昇華。它促使我們勇往直前，盡全力追求完美，做到有始有終。

在追求成功的道路上，勇往直前和追求完美的決心是不可或缺的，那些時代的先驅者都是這樣的人。他們胸懷大志，做事追求完美，在自己取得成功的同時，也造福人類，為社會做出貢獻。

**很多年輕人對工作缺乏追求完美的決心，做事的時候敷衍隨便，最終導致自己的失敗。所以有人說，鬆懈和輕率會造成最大的損失。**

位於華盛頓的工商管理局有很多無人問津的專利，並且每天都在增加，就是因為發明家做事敷衍，發明的東西沒有實用價值所導致。這些發明浪費他們的時間，也浪費他們的天賦，真的非常可惜。凡事應該盡力做到完美，不能故步自封，滿足於勉強通過的程度。如果這些發明家可以抱持追求完美的心態，更努力地研究，就不會出現這種白費力氣的事情。

很多渴望升遷的人不明白獲得升遷的訣竅。只有對待工作認真負責並且盡力追求完美的人，才有可能得到領導者的賞識，進而獲得升遷。

陶瓷工匠威治伍德非常熱愛自己的工作，不能容忍自己的作品有任何瑕疵。如果對一件作品不滿意，他就會將其打碎，重新再做一件。即使顧客已經很滿意，他仍然會從作品中找出缺點，並且立刻改正。這種在藝術上精益求精和追求完美的精神，最終使得威治伍德的陶瓷作品成為傳世精品。

只有對自己的工作認真負責，在工作的細節中努力追求完美，才可以得到升職加薪的機會。**想要將一件事情做成功，就要有必勝的信念和對完美的追求**。所有成功人士無不如此，正是這種信念與追求，使他們一直走在時代前面，引領時代潮流，成為所有人的成功典範。他們在確定自己的人生目標之後，就終生奮鬥在追求完美的道路上，不達目的誓不甘休。最終，他們取得偉大的成就，並且造福於社會。對完美堅持不懈的追求，將會創造完美的生活。在這樣的生活中，到處充滿燦爛的陽光。

很多人習慣高估自己，因為覺得平凡的工作無法發揮自己的才能，所以寧願不做。其實，許多難得的機會就隱藏在這些平凡的工作中。無論你的工作多麼卑微，只要努力將自己的潛能發揮出來，將工作做到完美的極限，終有一日，你會取得傲人的成就。

一個習慣敷衍塞責的人，永遠無法成就自己的事業。這種工作態度在成為習慣以後，會使一個人成為所有人鄙棄的對象，使他陷入自甘墮落的沼澤，再也無法脫身。很多人對自己的工作敷衍，理由就是時間不夠，然而只要用心，任何人在做任何事情之前，都可以找到充分的準備時間，並且在這樣的前提下，將這件事情做到完美。**追求完美的習慣，會給我們帶來無盡的成就感與滿足感。**成功人士總是習慣追求完美，不管他們身處何種職位，都會竭盡所能，完美地完成任何工作。

**我們在做完每件事情以後，都要抱持這樣的心態：「在做這件事情的過程中，我已經毫無保留地傾注所有。為了讓它更完美，我希望聽到別人批評的聲音，給我不斷改進的意見。」**

# 工作態度決定一切

工作是我們實現人生理想的一個途徑，工作態度可以局部地反映一個人的性格和能力。所以，以積極的態度對待工作，相當於以積極的態度面對人生。

**我們只要根據一個人的工作態度，就可以推斷他是否有成功的可能性**。做事敷衍的人，難以取得非凡的成就。工作態度不正確，會使我們對工作缺乏興趣，並且會抑制我們工作能力的發揮與提升。

不尊重自己工作的人，也不會尊重自己，更不會尊重別人。對自己的工作不感興趣的人，其工作品質經常會很差，並且難以有所進展。他們不可能全心投入工作中，所以不可能成功。**很多工作不認真的人會說自己的人生理想不是那個工作，這種觀點是不可取的，因為我們工作的主要目的是累積工作經驗和提升人格魅力，物質需求還在其次。**

總是抱怨自己工作的人難以有所成，只有懦弱之人才會抱怨，替自己找藉口推託責任。想要避免對工作產生焦慮，順利地完成各項任務，就要先確立正確的工作態度。在這個過程中，我們的品格也可以得到提升。

自甘墮落而鬱鬱不得志者，往往都是自身原因所造成，他們對工作抱持不負責任的態度。這種惡劣的工作態度，讓人們對他們的工作品質產生懷疑。

平凡的工作是那些自恃才華出眾之人不屑去做的，他們認為這種低微的工作會影響自己能力的發揮。這是錯誤的觀點，低微的工作也蘊藏發展的機會。即使從事平凡的工作，也可以取得非凡的成就。只要我們盡全力去工作，從事任何職業都一樣。積極熱情而奮發向上地工作時，這個工作將會變得有趣。**我們應該以積極的心態面對工作，發揮全部潛能，凡事追求完美，在每個工作完成以後問心無愧，盡自己最大的努力。**

**同時，為了進一步完善自己的工作，我們應該積極聽取別人的批評與建議。**

很多人總是喜歡把自己工作的失敗歸咎於時間倉促。其實，只要養成良好的習慣，每個人都有充足的時間做好準備工作，進而將事情做到完美。做事追求完美的好習慣，會使人生變得無比充實。成功之人不會在意自己的工作，對任何事情都一視同仁，盡全力做到完美。

**人們最需要改進的缺點之一，就是不夠細心。雖然你會覺得這個缺點微不足道，但是**

**在實際工作中，有這種缺點的人確實很難得到別人的信任。**每次面臨至關重要的事情，這種人往往會首先被排除在外。所有人都認定這種人做任何事情都是粗心大意，錯誤不斷，即使他們做得再細心，別人也要再檢查一遍才會放心。不夠細心的人在找工作的時候比較困難，尤其是在會計行業，不夠細心更是忌諱。

在會計行業，微小的疏忽可能導致巨大的損失。《舊金山紀事報》曾經有一則報導：一家書店的會計發現店裡的帳上出現一筆九百美元的虧空，但是核對三個星期也沒有找出問題。後來，經理也出面幫忙，結果依舊一無所獲。最後，他們找來店員，三個人又把帳目仔細核對一遍。突然之間，店員發現問題，他指著帳本說：「我記得記錄是一千美元，怎麼變成一千九百美元？」原來，一千的百位數字「0」上黏著一條蒼蠅腿，沒有仔細看，一千就變成一千九百。

微小的疏忽經常會有驚人的破壞力，例如：商店店員由於疏忽，將顧客的財物弄丟，要給予顧客物質補償還是其次，關鍵是對商店的信譽造成不可彌補的惡劣影響。信譽對於商家的重要性人盡皆知，失去信譽給商家造成的損失實在不可估量。

報紙上經常報導一些火車相撞而造成人員傷亡的事故，其原因就是鐵路工人的疏忽。大多數的交通事故，都是因為司機或是乘客的疏忽所導致。大部分殘障者並非天生殘障，而是因為自己或是別人的疏忽造成一生的缺憾。

歷史上由於疏忽導致的慘劇更是不勝枚舉。那些造成無數人員傷亡和財產損失的事故，起因大多是源自一個微小的疏忽。誰可以想到，一場森林大火的起因，竟然是一根沒有熄滅的煙蒂？因為疏忽，許多人寶貴的生命就這樣失去。

其實，這樣的疏忽原本完全可以避免，卻還是發生了。正如那些對自己的疏忽毫不在意的人，失敗就是他們必然的結局。疏忽如果產生，就要立刻處理，千萬不可放任其生長擴大，演變到不可收拾的地步。

**人們最大的損失，就是來自疏忽大意。**工作大意，敷衍了事，導致很多人的失敗。升職加薪是許多人的夢想，但是很少有人真正為實現這個夢想付出努力。很多會計一輩子困在小公司裡，靠著微薄的薪水艱難度日，原因就是不夠細心。一個做事不夠細心並且習慣敷衍的人，絕對不是值得人們信任的人。他們在工作的時候總是錯誤不斷，如何在大型企業中立足？

正所謂「細節決定成敗」，阻礙人們邁向成功的因素，很多時候就是那些容易被忽略的細節。這些看似不起眼的細節，卻有強大的危害力，不僅會阻礙人們的事業發展，而且會毀滅人們的生活。

**在工作過程中，不管多麼微小的錯誤，都應該引起我們的高度重視。**如果錯誤頻繁出現，就要停止前進的腳步，因為在這種情況下，在前方迎接我們的必定是失敗的地獄，而非成功的天堂。千里之堤，潰於蟻穴。任何微小的錯誤，都可能對人生造成不可彌補的損失。

**無論何時何地，厭惡自己的工作是一件最糟糕的事情。**我們在實際工作中，不可能總是做自己喜歡的事情，有時候難免要做一些無趣的事情，這個時候應該盡量避免對其產生厭惡。對待那些我們不想做卻必須做的事情，最明智的做法是努力使它變成有趣之事，才是對待工作的正確態度。我們想要做任何事情都可以興致勃勃而達成目的，就要有這種工作態度。

成功的大門，只向那些做事全力以赴的人敞開。**自主而積極的工作態度，可以抵消工作帶來的疲憊感。**這樣的工作態度可以使我們變得富有而充滿威望，即使從事最普通的工作也是如此。

我們應該避免沉悶的生活，培養開闊的思維能力；避免呆板的生活，培養自身的創造力；避免庸俗的生活，培養自己的欣賞能力。我們應該志向遠大，凡事全力以赴，追求完美，不因為工作卑微而看輕自己，以正確的工作態度盡全力去工作，這種做法可以促進我們的成功。那些工作態度不正確的人，其實是在踐踏自己的人生。

有人請我給即將進入社會的年輕人幾句忠告，在眾多忠告中，**年輕人最應該記住的是：永遠不要把賺錢當作工作的唯一目的。**年輕人在剛開始工作的時候應該目光長遠，關注工作可以為自己帶來的熟練技巧、豐富經驗、完善品格，而不只是關心薪水的多少。

我們畢業進入各自的工作以後，企業就成為我們學習的地方，老闆也會人盡其用，為我們安排適合的工作。

我們不可能一生都從事同一個職業，因為我們所處的社會擁有快節奏的生活方式。剛開始工作就沒有遠大的志向，只把薪水當作奮鬥的目標，是一種失策的行為，這種行為對我們非常不利。為了金錢利益而做出違背自己良心的事情，是一種浪費我們寶貴時間的行為，只會讓我們陷入失望的沼澤中。

**判斷一個人，只看他對待工作的態度就可以。如果一個人可以做到不因為工作卑微和薪水微薄而敷衍，仍然認真工作，必定會做出一番傲人的成績。**很多人因為不滿薪水的微薄，透過對工作敷衍的態度來報復老闆。這是不明智的做法，因為我們從工作中不僅得到金錢，也收穫寶貴的經驗、專業的鍛鍊、能力的展現，這些都是金錢無法換來的。

管理人員都喜歡優秀員工，他們只根據員工的業績來決定是否升遷，這一點毋庸置疑。因此，那些對工作負責並且追求完美之人必定會得到升遷。

生活中，有一些從表面上看起來很神奇的事情：一些薪水微薄的員工，被突然升遷到重要的職位。他們之所以會得到升遷，是因為他們即使薪水微薄也依然努力工作，累積豐富的工作經驗，並且最終得到老闆的賞識。

很多年輕人逃避從事薪水微薄的工作，即使無法避開，也是抱持敷衍的心態。他們這麼做，不僅所得的薪水微薄，也失去原本可以從工作中獲得比金錢更寶貴的東西，實在是不智之舉。

**因為薪水微薄而對工作抱持敷衍態度，會使自己的才能無法發揮，敏銳的觀察力和非凡的創造力也無法得到培養。**我們可以透過對工作敷衍來抗議薪水微薄，但是如果一直如此，我們不可能獲得成功，生命會這樣白白浪費。

如今，很多人似乎是為了賺錢解決生存問題而工作，雖然賺到買麵包的錢很重要，但是我們工作最重要的目的是提升自我能力，累積豐富的工作經驗。我們生命的價值如果只是工作賺錢，那也太低微了。

**每個渴望成功的人都應該把工作看作是為成功做準備，而不是只想著賺錢。**工作當然是為了賺錢，但是工作的真正價值，是我們可以透過這個媒介努力向成功邁進。

我們應該以積極主動的態度來面對各項工作，努力改進工作方式，提高工作效率。**以積極向上的態度來認真對待工作，要有勇為人先的精神，老闆只會看重和提升這樣的人。**

# 樹立目標，確定航向

想要避免生活走向碌碌無為，制定適當的目標很重要。在目標的制定過程中，應該詳細考慮各方面的因素，才可以保證其可行性。

缺乏信心、勇氣、毅力的人，是必然的失敗者。那些艱難生存的流浪漢就是失敗者的典型，他們缺乏奮鬥的目標，更缺乏奮鬥的勇氣和毅力，所以最終淪落到露宿街頭並且三餐不繼的悲慘境地。

**其實，許多人的失敗往往都是不起眼的性格缺陷所造成，而不是重大的錯誤決斷所造成。**這些性格缺陷包括：意志不堅、缺乏耐性、猶豫不決。這些缺陷導致人們在追求成功的道路上欠缺勇氣和毅力，淺嘗輒止。

**許多人的失敗源自目標的缺失。沒有奮鬥的目標，如何有奮鬥的動力？**年輕人都有這樣的迷茫：對於自己應該做什麼，又應該如何去做，完全一無所知。這種迷茫的心態，讓他們每天無所事事，情況一天比一天糟糕，最終精神萎靡，陷入自甘墮落的深淵無法自拔。如果演變到這種地步，重新振作對他們而言就是難於登天。如果這些人可以確定自己的目標，並且堅持不懈地為之奮鬥，在這個過程中，他們不僅可以享受到逐漸接近成功的喜悅，還可以克服自己的性格缺陷。

一個剛進入社會的年輕人，對未來充滿希望和熱忱，想要使他成為一個志向高遠而勤奮努力的人輕而易舉。反之，面對那些工作已久而深陷萎靡的人，想要重新激發他們的鬥志，簡直是癡人說夢。因為這些人雖然肉體還活著，但是精神早就死了。

**如果想要成功，除了具備天分、機會、才能等因素之外，及早確定自己的目標也非常重要。如果沒有奮鬥的目標，何談最終的成功？**在這個社會中，沒有奮鬥目標的人比比皆是，無論是商界還是政壇或是其他領域，都有這種人。這種人不會有良好的發展前景，只能在社會中茫然奔走。他們經常對自己的未來浮想聯翩，卻從來沒有實現的可能。思多克說：「沒有主見是許多人共有的缺點，這種人從來沒有堅定的人生目標，每次情況有變，他們的目標就會隨之發生變化。」**成功者並非完美之人，他們也有許多缺點，但是有一個優點卻是他們共同具備的，那就是：人生目標堅定。**

再聰明的人，如果缺少明確而堅定的人生目標，也不會獲得什麼成就。現實生活中，因為目標不夠堅定而失敗的例子數不勝數，許多人原本可以成為律師和醫生，或是其他優秀人才，結果卻一無所成。

**成功的首要條件是要有目標。**如果你的天賦是做鞋子，不妨將自己的目標設定為鞋業鉅子。我們要按照自己的才能優勢確定奮鬥目標，這樣才可以事半功倍。至於目標的實現程度，取決於一個人的毅力。沒有毅力的人，根本無法走到目標的終點。

**成功需要堅定的目標賜予的強大力量做支撐。**事實證明，目標堅定者更容易取信於人。一個有決心的人，在確定自己的人生目標以後，就不會理會別人的反對與破壞，無論過程多麼艱難，都會堅持為目標奮鬥到底。

**能否取得最後的成功，絕對不是目標堅定者擔憂的問題。他們考慮的只有怎樣走得更穩更快，盡最大努力向目標靠近。**他們不會屈服於任何艱難險阻，只要可以實現既定目標，不管要付出什麼代價，他們都在所不惜。

在美國的發展過程中，很多失敗者都具備出色的才能，很多成功者卻資質平庸。追究這些才華過人者失敗的原因，不難發現，他們都缺乏堅定的目標和強大的意志。成功固然需要機會，但是能否抓住機會，關鍵在於有沒有決心與意志。人們可以透過教育，不斷增加自己的知識，但是決心與意志卻無法透過這種途徑取得，現代社會根本沒有目標不明和意志不堅之人的立足之地。**歐文說：「決心與意志可以幫助你在追求成功的道路上勇往直前，克服任何困難，朝著既定目標不斷奮進。」**如果你周圍的環境非常惡劣，決心與意志的力量將會發揮得更明顯。挫折無法打倒那些目標明確和意志堅定之人。在人類歷史上，許多人在絕望的灰燼中重新站起來，最終功成名就，他們憑藉的就是這種矢志不渝的強大精神。

在倫敦的許多地方，都可以看到為紀念一位偉大的建築師而立下的紀念碑，在紀念碑上寫著這樣的碑文：「克里斯多佛・雷恩，我們的城市與教堂的創造者，與世長辭，享年九十歲。他的一生都在為民眾的利益鞠躬盡瘁，從未顧及過自身。」碑文中所說的建築師克里斯多佛・雷恩，為這座城市的建築業立下偉大的功績，總共修建教堂五十五座，禮堂三十五座。他曾經為修復倫敦聖保羅大教堂，去法國巴黎觀摩學習。在參觀羅浮宮的時候，他發出這樣的感嘆：「只要可以修建如此舉世矚目的宏大建築，就算付出生命，我也在所不惜。」在往後的歲月中，他充分展現自己的才能，設計修建漢普敦宮、肯辛頓宮、德魯里巷皇家劇院、皇家交易所、大紀念碑……他在牛津修建很多學院和教堂，還將格林威治宮改建成一個供海軍使用的休息場所。倫敦大火過後，整座城市面目全非，他又參與制定全新的城市規劃圖。他為修建聖保羅大教堂花費三十五年的時間，這也成為他一生中最重要的建築作品。

上帝安排我們承受各種苦難，目的在於使我們更堅定自己的人生目標，最大限度地激發我們的潛能，絕對不是為了消除我們前進的鬥志，甘心俯首向命運稱臣。成功者是那些可以在挫折面前保持頭腦清醒並且信念堅定地與之鬥爭到底的人。想要增加成功的價值，就要經歷這種與困難艱苦搏鬥的過程。

**福爾摩斯說：「無論如何，都要堅持到轉機到來的一刻。就算成功的機會只有百分之一，也要堅定必勝的信念。人類最高的智慧在於勇氣與信念，偉大的榮耀屬於不屈服於命運的人。真正的強者，一定要有堅定的目標與意志，這是取得成功必要的前提條件。」**所有想要成功的人，都應該堅持到底，絕對不放棄。

許多人認為追求成功是一件異常艱苦的事情，一般人根本做不到，所以就將自己的奮鬥目標降低。然而，這不是一種明智的做法。因為你得到的成果往往低於你設定的目標，如果你的目標是八十分，結果很有可能只有六十分，甚至更低。基於這種情況，我們應該盡量將目標設定得更遠大，如果不這樣做，只會讓自己在激烈的社會競爭中處於被淘汰的邊緣。

想要提升自己的能力，就要有完美的欲求，希望將事情做到完美無瑕。**郝樂思・格里**

**曆說：「想要將事情做到盡善盡美，必須以精準的眼光和百分之百的熱忱為基礎。」**我們要不懼困難，鬥志昂揚，全力以赴，才可以不斷進步。上帝將才能賜予人類，同樣可以再收回。一個習慣無所事事的人，其才能遲早要歸還上帝，碌碌無為地度過自己的一生。想要讓自己得到充實感與滿足感，就要在追求成功的道路上不斷奮進。成功是每天進步一點點，日積月累，最終達成的結果。

世界上有許多讓人景仰的成功人士，奧雷・布爾就是其中之一。作為一位出色的音樂家，他的琴聲宛如天籟之音，讓聽眾們沉醉其中，忘記所有憂愁與痛苦，心境寧和彷彿進入仙境。所有人對他在台上的表現讚不絕口，但是他在台下付出的努力卻幾乎無人瞭解。布爾八歲那年，就立志成為音樂家。為了實現這個目標，他開始自己漫長而艱難的奮鬥歷程。布爾的童年時代一直籠罩在貧窮和疾病的陰影中，由於家境貧寒，他對小提琴的熱愛遭到父親的強烈反對。然而，布爾並未因此有任何動搖。在通往理想的道路上，他以百分之百的熱忱，全力以赴堅持下去，終於成就自己的音樂家夢想。

**想要有所成就，首先要客觀而全面地認識自己，然後制定一個切實可靠的目標。**一個不瞭解自己程度和能力的人，如何清楚瞭解真正適合自己的道路？這種人在面對問題的時候，無法提供明確的解決方案，只會一味逃避。他們總是想隨便應付眼前的事情，完全不曾想到，長此以往，必將後患無窮。一個人想要成功，就要具備昂揚的鬥志和百分之百的熱忱，然後全心為實現目標而努力，否則再出眾的才華都形同虛設。人生中的每一段經歷都是一次磨練，我們將在這個過程中完善自我，逐漸趨於完美。所以，我們應該把握每一段經歷，從中汲取有用的東西，進而使自己的人生更完美。

多與成功者交流，學習他們的經驗和教訓，會對你的成功大有幫助。**你如果有心，就不難發現，成功者在確定長遠目標之後，還會不斷設定每個階段的短期目標。**他們可以長年累月地堅持追求遠大理想，就是受到這些短期目標的不斷牽引。成功者不管做什麼事情，永遠以完美作為自己的追求目標，為了實現這個目標，他們會將全部精力毫無保留地傾注其中。

一個人獲得地位的高低，並非衡量其成功與否的標準。人們在追求成功的過程中遇到什麼艱難險阻，在其中展現多少勇氣與智慧，才是衡量其成功與否的唯一標準。只要我們在困難面前永遠不妥協，堅持為自己確定的人生目標奮戰到底，我們就是毋庸置疑的成功者。

**亨利·畢奇爾說：「堅定地追求自己的目標，不要害怕失敗，許多偉大人物就是從失敗中站起來，最終成就舉世矚目的輝煌，正是曾經的失敗縮短他們與成功之間的距離。」**

第三章

# 這個世界，沒有懷才不遇這件事

這個世界，沒有懷才不遇這件事。很多人還沒有和別人拼智商就輸在勤奮上。一個不勤奮工作的人，很難得到主管的信任，也很難得到升遷。其實，無論做任何事情，如果你不努力，就很難取得成績。

# 偉大的成就來自於勤奮

一位法國作家曾經說：「沒有人不知道米開朗基羅的名字。六十歲的米開朗基羅，身體狀況欠佳，但是依舊堅持工作，每天拿著雕刻刀在大理石上持續奮戰。在工作的過程中，被他鑿下的大理石碎屑紛紛揚揚，就像下雪一樣。他的雕刻速度之快，連精壯的年輕人都自嘆不如。**這個世界上確實有人會將工作看得比生命更重要，將自己的熱忱與心血都投入到工作中**。這一點，也許很多人都不相信，但是在看到米開朗基羅的工作狀態以後，就沒有人再質疑。無論多麼堅固的石頭，都無法抵擋他的雕刻刀。在他的雕刻刀之下，只見石屑飛舞如雪。」我們都知道，成功的藝術品絕對不能有絲毫的瑕疵，只有盡善盡美才可以到達藝術巔峰。米開朗基羅可以將巨石玩弄於股掌之間，把雕刻刀運用得宛如行雲流水，遊刃有餘，等到一件作品完成的時候，連任何瑕疵都找不到。

米開朗基羅曾經給自己優秀的同行拉斐爾這樣的評價：「他的藝術造詣人們有目共

睹，難以有人可以望其項背，可是這一切並非因為上帝對他特別眷顧。他所有的成就，都是由自己的勤勞付出得來的。很多人說拉斐爾的作品完美無瑕，簡直不似人間物。**對於人們的這種看法，他做出解釋：『我對自己的作品精益求精，不會讓任何瑕疵出現在作品中，這才是我獲得成功的真正原因。』**這個偉大的藝術家征服所有人，因此全羅馬人包括教皇利奧十世，都為他的離世而悲傷飲泣。他在三十八歲的時候，也就是年輕有為之際，早早地離開人世，讓人們扼腕痛惜。他在短暫的一生中，創作大量珍貴的藝術作品，包括兩百八十七幅繪畫以及五百餘幅素描，為後人留下寶貴至極的藝術財富。相信拉斐爾的事蹟會對不思進取和好吃懶做的年輕人有所啟發。每天碌碌無為地混日子，這樣的人生簡直毫無價值。這樣的人活著，就像一具行屍走肉！」

舉世聞名的藝術家達文西，性格十分開朗，為人積極向上，充滿熱情與活力。他每天都會在太陽升起之前開始工作，直到太陽下山之後才結束工作去休息。長年累月的辛勤工作，其成果就是他享譽全球的藝術作品。

傑出的畫家魯本斯，成功的秘訣也是「勤奮」二字。有一次，一個煉丹師想要說服魯本斯跟自己合作，宣稱自己有能力把普通金屬熔煉為黃金。魯本斯這樣回應他：「我已經掌握煉金術，你不必在我面前班門弄斧！」他一邊說著，一邊拿起畫筆和畫布：「凡是我的手觸碰到的東西，都會變成金子。」魯本斯就是借助自己的繪畫才能賺取巨額財富。

米萊是英國的一位畫家，他在作畫的時候總是聚精會神，周圍的一切對他而言就像消失一樣，不管發生什麼事情，都無法擾亂他作畫的心思。在提及自己工作的時候，他這樣說：「耕田的農夫恐怕也沒有我全神貫注投入工作的時候那麼辛苦。**天分並非每個人都有，勤奮卻是所有人都可以做到的事情。年輕人一定要勤奮工作，想要收穫成功，就要付出超人的努力。**如果終日無所事事，就算是天才也會將自己的天分白白浪費，最後一無所成。因此，天分很高的人更需要勤奮工作，持之以恆。只有這樣，才可以不辜負上帝的期望，最終獲得成功。並非所有人都可以在藝術領域中有所成就，許多父母帶著自己的孩子來向我拜師學藝，他們都希望孩子們日後可以成為偉大的畫家，可是我對他們說：『並非所有孩子都願意成為畫家。』**為人父母者應該先確定孩子們的理想是什麼，之後才可以督促他們為理想奮鬥**。而且，不管孩子們有什麼奮鬥目標，都要從現在開始打下堅實基礎。每個優秀的成功人士都要經歷漫長的培養過程，父母們要有心理準備，持之以恆地督促孩子們勤奮而踏實地追求自己的人生目標。」

作家奧利佛・戈德史密斯對於寫作一向要求嚴格。在他看來，每天可以寫好四行詩就很好。他的代表作《荒廢的山村》，更是花費數年時間才寫成。他曾經說：「做任何事情都應該堅持不懈，想要寫出優秀的作品也需要如此。**寫作的程度與邏輯思考的能力，都需要在堅持不懈的寫作過程中得到提升。**就算一個人擁有很高的寫作天賦，如果不勤加練習，也沒有取得成功的機會。」

作為《人生頌》的作者，朗費羅堅持一個觀點：「**一座橋樑只有一部分可以露出水面，但是隱藏在水下的基石卻是橋樑最關鍵的部分。正是由於它的支撐，才使得橋樑穩固地橫跨在水面上。**偉大的詩歌也像橋樑一樣，其基石就是作者長時間的知識累積與寫作練習，沒有這些背後的付出，不可能有人們可以看到的優秀作品。」

所有偉大的作品都是作者艱辛努力的結果，不管是《獨立宣言》還是《人生頌》，無一例外。成稿之後，作者會不斷地進行精益求精的改進，直到盡善盡美為止。拜倫的名作《成吉思汗》在問世之前，經歷上百次的反覆修改，才會有後來的完美呈現。

狄摩西尼是古希臘傑出的辯論家，在談及自己的演講稿《斥腓力》的創作過程時，他說自己為此付出的心血和承受的痛苦，無人可以體會。在寫作方面，柏拉圖也是一樣的精雕細琢。在《論共和國》的寫作過程中，一個開頭他就修改九次，堪稱精益求精。普波曾經為斟酌兩行詩，耗費一天的時間。夏綠蒂・勃朗特為找到適當的詞語，思考一個小時也是常事。愛德華・吉朋在創作《羅馬帝國衰亡史》的時候，第一章就寫出三個不同的版本，最終花費二十五年才將整部著作創作完成。安東尼·特洛勒普說：「所有優秀作品的創作過程中，都有一個不為人知的故事。**靈感並非憑空飛入人們腦中，需要經過長時間的相關資料儲備才有可能出現。**所有立志寫作的人，都應該從現在開始加強儲備與練習，不要再妄想靈感會隨便降臨到自己身上。」

朋友對律師喬特說：「上帝總是偏愛一些人，讓他們輕而易舉就成功。」喬特憤怒地辯駁：「荒謬透頂！是不是那些幸運兒把字母隨手組合一下，甚至不用組合，那些字母就可以匯聚在一起，寫成一篇《伊利亞德》？」**如同月光永遠不會如人們所願自動變身為銀子，成功也永遠不會如人們所願自動到來，它是人們辛苦付出的結果。**所有看似偶然的奇蹟，其中必定存在某種必然的可能，這種法則無人可以悖逆。一個人之所以會成為失敗者，根本原因在於其自身。只可惜，很多失敗者根本沒有意識到這一點，還在將自己的失敗歸咎於外因，為自己的鬆懈散漫找藉口。

**亞歷山大·漢密爾頓說：「別人注意到的總是我成功的輝煌，並且因此誤以為我是上帝的寵兒。實際上，所有成功都是人們艱苦奮鬥的結果，上帝從來不會將成功對人們拱手相送。」**

在談及自己成功秘訣的時候，七十歲的丹尼爾·韋伯斯特這樣說：「勤奮努力是我成功的泉源。上帝偏愛的從來都是勤奮之人，所以我每天都會勤奮地工作。」勤奮對於成功的作用，就像機翼之於飛機。

羅伯特・奧格登根據觀察發現，很多失敗者最大的缺點就是話多，他們說話毫無重點和邏輯混亂，那些話少但是說話清楚之人更容易成功。**老范德比爾特也抱持同樣觀點，他曾經說：「我認為成功之道就是少說話多做事。」**

格萊斯頓在九十歲的時候說：「我的快樂源自勤奮的工作。我還是一個孩子的時候，就已經明白勤奮對一個人有多麼重要。**養成勤奮做事的好習慣，機會與成功都會接踵而至。在勤奮工作的過程中，也要學會適當地放鬆與休息，做好進行持久戰的準備。**休息是否就表示停止工作？許多年輕人都有這樣的疑問。事實上，想要提高工作效率，適當的休息是很有必要的。舉例來說，長時間看書學習會導致頭昏腦脹和效率低下。這個時候，不妨將所有事情都放下，外出放鬆，例如：極目遠眺，敞開胸懷，呼吸清新的空氣。這樣一來，很快就可以恢復清醒，重新投入工作。勤奮工作是我們的終身事業，成功需要逐漸累積的過程，不可一蹴而就。**自然規律無法違背，人們不可能一直保持旺盛的體力，放鬆與休息是保持體力最好的方法**。這麼多年以來，我每天都保證充足的睡眠，養成合理健康的飲食習慣，並且隨時注意保持情緒穩定。透過這些舉措，使自己的身心一直保持良好的狀態，在工作中可以最大限度地發揮自己的才能。要是年輕人也可以做到這些，必然會對他們的成功大有幫助。」

有一個朋友對愛迪生做出這樣的評價：「我們成為朋友的時候，他只有十四歲，但是已經顯露與其他孩子的不同之處。他將自己的每一天都安排得很充實，從來不虛度光陰。有時候，人們還在睡夢中，他已經開始讀書。他對機械、電學、化學的書很感興趣，在這些書裡汲取許多知識，但是他從來不浪費時間看小說或故事書。他的讀書時間都是擠出來的，因為他每天都要去上班，很少有閒暇。可以說，他醒著的時候，不是在工作，就是在讀書。他的勤奮努力使他養成極為敏銳的洞察力，總是可以看到事物不為人知的另一面。」

愛迪生說：「**我所有的發明，都是勤奮努力的結果。不錯，發明成果確實可以賺取物質收益，可是賺錢絕對不是我勤奮工作的目的**。在我的生命中，最重要的是什麼？其他孩子都在享受無憂無慮的童年生活，我卻在貧窮與痛苦中苦苦掙扎，完全無法感覺到任何快樂。在那種艱苦的環境中，只有冰冷的機器可以讓我感覺自己還活著。我想盡辦法要對電報進行改善，因為我可以從這種旁人覺得乏味至極的事情中找到自己的樂趣。奮鬥到今天，我已經擁有很完善的工作條件，有專門的實驗室和各種先進的實驗設備，可以保障我的發明工作順利進行。我在這種艱苦的奮鬥過程中，感受到前所未有的喜悅與成就感，這是工作賜予我的最大財富，比物質收益更可以使我滿足。」

年輕人要謹記這句話：勤奮可以賜予你意想不到的收穫。

# 擺脫環境的束縛，激發潛能

「人類雖然生來自由，但是在生命的旅途中卻經常受到束縛。」每個人都應該嘗試讓自己的心靈在不自由的環境中插上自由翱翔的翅膀。如果人們不能突破自己所處的環境，只是唯命是從而甘心受縛，將會嚴重損害其積極進取的熱情，抑制其才能的發揮，並且磨損其意志，最終墜入失敗的深淵無法自拔。只有將自己的才能充分發揮出來，才有可能取得成功。想要做到這一點，就要從環境的束縛中脫離出來，讓心靈恢復自由。

在困難面前，人們體內的潛能更容易被激發出來。**環境的束縛會對潛能的發揮產生巨大的阻礙作用。人們想要有所成就，就要讓自己脫離外界的束縛**。人們從束縛中脫身，重獲心靈的自由，其過程就像雕琢一顆鑽石。想要讓鑽石釋放最璀璨的光芒，就要歷經無數的雕琢與磨礪。想要取得人生的輝煌，也要歷盡各種的磨難。

很多人因為家裡的經濟條件不好而輟學，導致他們知識匱乏，成年以後隨時感受到束縛。這種人想要擺脫束縛，讓心靈重獲自由，就要勇敢地去彌補自身的缺點。只可惜，他們之中的大多數卻認定現在已經太遲了，再怎麼彌補都是無濟於事，所以他們情願一輩子都生活在這種束縛中，不求改變，不思進取。有些人終生被束縛在無知的迷信中，自己卻完全沒有意識，他們比那些被知識匱乏束縛的人更可悲可嘆。

**膽小怕事同樣會使人們受到束縛，自信的缺乏會導致膽小怕事。許多理想遠大而才華出眾的年輕人，最終卻一無所成，究其原因，不外乎自信的缺乏。**這樣的人不管做什麼事情，都會被膽小怕事的性格束縛。他們總是擔心自己會失敗，即使理智告訴他們應該努力去爭取成功，他們依然沒有勇氣邁出通往成功的第一步。

別人對自己有什麼樣的評價，可以不必太在意。一個人如果總是想著怎樣取悅別人，勢必會對自己的信心造成極大的損害。堅持自己的意見，是否會被別人視為固執己見？一個人如果存有這樣的顧慮，就會將自己牢牢束縛起來，沒有勇氣去追求遠大的理想。這種人無論做什麼都會瞻前顧後，綁手綁腳，總是妄想可以不勞而獲，成功會自動送上門。

想要成就一番事業，就要擺脫所有束縛，讓自己進入一種自由的環境中。

**沒有做好準備就開始行動，以及不思進取，向命運屈服，是人們的事業走向失敗的兩大原因。**許多人終生被這兩者牢牢束縛，難以發揮自己的潛能。長此以往，他們的才能越來越低下，最終喪失成就事業的本領，只能待在平凡的工作上，平凡地度過自己的一生。

**所有事業有成的人，都具備以下的優勢：目標遠大、意志堅定、經驗豐富、勤儉節省。**要擁有這樣的優勢，他們到底付出什麼不為人知的代價？假如讓他們親口回答，答案毫無例外，都是「努力奮鬥」這四個字。他們透過努力奮鬥，磨練強大的自信與堅定的意志，並且累積豐富的經驗，順利擺脫周圍環境的束縛，讓自己的潛能得到最大限度的發揮，最終取得事業上的巨大成功。

可以在巨大的誘惑面前堅定信念，不為誘惑所動的人，才是真正的勇士。在通往成功的道路上，到處充滿誘惑，例如：財富、美女、權勢。只要意志稍有動搖，就會在這些誘惑面前繳械投降，從此之後受制於人，再難找回自由。自由的範圍涉及很廣，包括思想、言論、舉止等方面。如果在這些方面喪失自由，是一件非常可怕的事情。**所有立志成就一番事業的年輕人都應該竭盡全力追求自由，因為只有在自由的空間中，才可以最大限度地接近成功。**

沒有人的一生是一帆風順的，任何人都會遇到艱難的處境。這個時候，忍耐就是我們應對這種艱難處境的策略。當我們陷入最絕望的困境中，沒有任何辦法擺脫的時候，就要咬牙忍耐，這樣才可以最終擺脫困境的束縛。也就是說，只有堅持忍耐下去，我們才可以熬過這段困難時期，不致在失敗的陰影中自暴自棄。

忍耐可以幫助我們戰勝困難，重塑希望。就算我們的才能無法施展，對眼前的情況無計可施，忍耐仍然可以賜予我們強大的力量，給予我們最有力的支持。

在追求成功的道路上困難不斷，很多人在這些困難面前敗下陣來，富於忍耐力的人在這個時候選擇堅持。他們可以在所有人絕望的時候找到嶄新的希望，為實現自己的理想堅持不懈地奮鬥到最後一刻。

**一個好修養的人，必然懂得忍耐。商人想要獲得成功，就要學會忍耐。**不管客戶怎樣蠻橫無理，出言不遜，一個出色的商人都會禮貌應對。長此以往，就可以和氣生財。反之，面對態度惡劣的顧客，以同樣惡劣的態度應對，這樣不懂得忍耐的商人何談拓展業務？

忍耐對顧客而言也很重要。就算售貨員對自己非常冷淡，顧客也應該表現出客氣與禮貌。在其感染下，售貨員也會為自己的不禮貌而抱歉，隨即熱情地招待顧客。

**一個樂觀豁達，從容淡定，並且懂得忍耐的人，必然是一個深受歡迎的人。**

每個人都希望找到一個自己真正喜歡的工作，但不是每個人都有這樣的幸運。很多人必須從事自己毫無興趣甚至厭惡的工作，在這種情況下，忍耐力就顯得特別重要。

成功者從來不會對自己的工作挑三揀四，無論是否喜歡目前的工作，他們都會全力以赴地做到最好。

**想要成功必須具備這樣的素質：即使面對自己毫無興趣的工作也要充滿熱情，用鋼鐵般的忍耐力去迎接成功道路上的所有考驗。**

人們會對那些忍耐力極強而為實現目標付出一切的人致以崇高敬意。那些缺乏忍耐力的人，通常會受到人們的鄙夷。

強大的忍耐力可以幫助人們贏得別人的信任，最終走向成功。反之，缺乏忍耐力的人很難取信於人，也很難獲得成功。

不管遇到什麼困難，我們都應該以極強的忍耐力去應對，只有這樣，才可以擺脫環境的束縛，才有成功的希望。

# 成功從來只屬於自信的人

**自信可以支持人們堅定信念，勇往直前，追求理想，其對成功可以產生的推動作用，遠遠超過權力和財富等物質支持。**

許多人會在認定自己缺乏某方面的天賦之後心灰意冷，隨即放棄在這個方面的努力。然而，很多成功人士之所以會在某方面取得成功，不是因為他們的天賦特別高，而是因為他們相信自己的天賦比別人高。有這樣的信念，他們堅持不懈地付出努力，讓自己的能力在實踐中不斷獲得提升，最終成為這個行業的佼佼者。

如果將一支普通軍隊的統帥換成拿破崙，他傳達給將士們的精神力量，將會大大加強整支軍隊的戰鬥力。士兵對領導者的信心與軍隊的戰鬥力有直接關係，假如領導者的能力完全不能使下屬信服，何談軍隊的戰鬥力？

**自信可以產生巨大的力量，無論是多麼普通的人，都可以依靠強大的信心獲得成功。**

反之，如果自信不足，再優秀的人也會因為猶豫遲疑，錯失成功的良機。

自信有多高，成就就有多高。如果拿破崙在阿爾卑斯山下對自己的士兵說出這樣一句話：「山這麼高，我們怎麼才可以過去？」穿越阿爾卑斯山對這支軍隊而言，立刻就成為一個不可能完成的任務。

**自信決定成敗。成功從來只屬於自信之人，與自信相比，才能反而是其次的。**

每個人都需要建立強大的信心。想要贏得別人的信任，得到更多發展的機會，首先要相信自己。面對人生旅途中的坎坷和挫折，有信心，有勇氣，迎難而上的人才是優秀的。反之，一個缺乏自信而優柔寡斷的人，在遇到困難的時候，總是習慣逃避，任由別人來決定自己的命運，這樣的人永遠無法成功。

擁有強大信心的人會非常果敢，並且可以從容地應對生活中的任何挫折。他們獨立自主，勇往直前，堅持用自己的雙手爭取成功。正是這種信念與行動，幫助他們成功贏得別人的信任與尊重。

一個不夠自信的人，根本不會有成功的機會，這一點在所有成功者身上已經得到驗證。縱觀古今中外，有哪個成功人士不是勇敢自信之人？在這個競爭殘酷的社會中，缺乏自信和膽怯懦弱的人勢必會遭到淘汰。

自信者行事果決，當機立斷，永遠不會放任良機白白溜走。想要成功的年輕人，就應該如此。一個缺乏自信的人，在任何情況下，都很難做出決斷。

**愛默生說：「每個人都有成功的天賦。」**成功的機會對每個人而言都是均等的，只要我們可以充分發揮自己的才能，認真度過每一天，終有一日會獲得成功。**但是很可惜，因為缺乏自信，許多才華出眾的人終其一生都一事無成。**也許我們出身卑微，沒有受過良好的教育，也沒有找到適合自己的工作，但是只要我們有信心，有毅力，勇敢堅持，就可以擺脫惡劣的現狀，贏得嶄新的未來。

拿破崙的一支軍隊剛打完一場勝仗，一個士兵立刻快馬加鞭去向拿破崙報告這個好消息。路上，馬因為過度疲勞而死，拿破崙就將自己的馬借給這個士兵。

士兵說：「將軍，我只是一個士兵，怎麼配騎您的馬？」

拿破崙嚴肅地糾正他：「我們法蘭西的士兵，沒有什麼是配不起的。」

很多人的想法與這個士兵類似，他們堅信自己只是一個卑微的角色，做不成什麼大事。很多人一生甘於平凡，正是這種自卑心理作祟的結果。他們認為，世界上的所有美好都應該由出類拔萃或特別幸運的人享有，而非像他們這樣的普通人。這種根深蒂固的自卑觀念，扼殺無數人的前途。

**在追求事業的過程中，自信的重要性遠遠超過財富和權力等外在條件。它深深根植於我們體內，是最強大的精神動力。**

除了自信之外，想要成功，還要不斷付出努力。許多原本自信的人，在經歷挫敗以後，會對自己的能力產生懷疑，表示他們的信心不夠堅定。在通往成功的道路上，想要不被挫折打倒，就要培養最堅定的信心，勇往直前，奮鬥到底。

偉人們在做事之前和做事的過程中，都會保持堅定的自信，他們不懼任何艱難險阻，一直奮鬥到勝利的終點。

**瑪麗・克萊里曾經說：「如果必須要做一片遭人踩踏的泥土，希望踩踏我的人都是勇士！」如果一個人對自己沒有信心，如何奢望別人對他有信心？**

# 沒有思考，你永遠無法換來成功

正確的思想會帶給人們無盡的動力。成功者都是有正確思想做指導的人，這種思想對於改變人們本身以及周圍環境，會產生不可磨滅的重大作用。人們的品格與才智會在正確思想的指導下日趨完美。

**有人說：「思考是人生最大的職責所在。」**聖保羅的一生都在積極思考中度過。持續不斷地思考，使得他的品格日臻完善，才能不斷提升。**他根據自己的切身實踐，對人們提出這樣的忠告：思考是你自己的事情，沒有人可以代替你完成。**一件事情發生的時候，不管它表面看來多麼公正合理，也不管別人對此抱持何種意見，都要透過自己的獨立思考做出判斷。要有自己的處事原則，如果總是按照別人的指示，看別人的臉色行事，原本應該屬於自己的快樂也會蕩然無存。嫉妒更是快樂的天敵，如果總是想著嫉妒別人，永遠無法獲得快樂。只有這樣，才會使你遠離猶疑，成為一個有主見的人。**思考不應該只停留在表**

**面，走馬看花和淺嘗輒止的思考方式不能給你任何幫助。只有深入下去，放開眼界，追尋超然物外的智慧，才可以在持續的思考過程中真正有所收穫，並且將思考變成一種貫穿生命始終的慣性行為。**

所有人都知道，容器中裝滿水以後，再有多餘的物體加入其中，裡面的水就會溢出來。可是有誰曾經為此專心地思考，意識到加入物體以後溢出的水的體積與加入物體的體積是相等的。只有阿基米德想到這一點，他據此找出最簡便的運算方法，用以計算所有形狀不規則的物體體積。

土星周邊的光圈一直為許多天文學家所知，然而他們並未對此展開研究，而是將其作為行星形成規律的一種例外情況看待。只有拉普拉斯堅持自己的意見，他認為在星體形成的過程中，並非所有階段都無法觀察到，像土星的這種情況，就是這個過程中僅有可以觀察到的階段。這種觀點最終被他證實，天文學領域對於星體形成的研究也因此有巨大躍進。

在哥倫布發現新大陸之前，歐洲的船員們都對新大陸懷有夢想，只可惜無人有勇氣親自前去一探究竟。直到哥倫布率領船隊出發，最終在廣闊的海洋深處找到新大陸，才終於使這種夢想成真。

世界上曾經有無數蘋果墜落，砸到人們的頭上，但是無人深究蘋果下墜的原因，牛頓是唯一產生疑問並且隨即對此展開深入思考和研究的人。最終，他得出這樣的結論：宇宙中，所有星體都可以按部就班地沿著預定軌道運行，所有分子無時無刻不在運動，卻絕對沒有碰撞的現象發生，與蘋果只能下墜而無法到達其他方向是同一個原理。

人類出現之初，就有電閃雷鳴這種自然現象，卻沒有人想到有驚人的能量隱藏在耀眼的閃電中。只有富蘭克林意識到這一點，他的實驗讓所有人認識到閃電就像空氣與水一樣，是宇宙中一種極其自然的存在。它的內部潛藏巨大的能量，並且可能被人類掌控利用。

所有人都知道，物體懸掛的時候會來回地擺動。因為受到空氣阻力的影響，這種擺動會逐漸停止。這種現象在現實生活中有沒有意義，是否可以被應用，卻無人理會，只有伽利略例外。

少年時代的伽利略在比薩大教堂中，發現一盞懸掛的燈正在來回地進行有規律的擺動。現在廣為人知的鐘擺定律，就是伽利略據此研究出來的。伽利略入獄以後，依然保持高度的熱忱，堅持科學研究。牢房中的稻草桿也成為他的實驗工具，直徑相同的實心管和空心管的相對強度，就是他用這些工具研究出來的。

**上述人物，絕大多數都被後世冠以「偉人」的稱號，原因就在於：對於所有人習以為常的現象，他們可以透過思考從中找出非同一般的規律，並且最終可以利用這種規律取得成功。**

一個年輕人忿忿不平地說：「我是一個誠實的人，為什麼無法依靠誠實，變成一個成功的人？」只有誠實的人才可以成功，但不是只要誠實就可以成功。**員工不會因為沒有偷竊公司的財物而得到升職，想要升職加薪，就要勤於工作，善於思考，做到其他員工做不到的事情。**

# 你還年輕，怎麼可以喪失熱情？

所有的藝術家或文學家在創作偉大作品的時候，都會被極為強烈的熱情驅使，終日寢不安席，食不知味，等到將所有靈感都透過作品表達出來的時候，才可以得到安然休憩。狄更斯說，自己在構思每篇小說的時候，都會被其中的情節糾纏得異常痛苦，吃不下睡不好。等到整篇小說完成的時候，這種情況才會告一段落。他曾經試過一個月在家中，只為斟酌應該如何描繪小說中的某個場景。這段時期結束以後，他再出門的時候，看起來就像生了一場大病，憔悴得嚇人。

蓋思特首次登台的時候，就給人們耳目一新的感覺。這個時候的她，只是一個無名的新人，卻憑藉自己在演唱投入的巨大熱情，吸引許多觀眾。對於唱歌，她有無比狂烈的熱情，不惜將所有精力傾注於此，以求提升歌唱技巧。她演唱的時間還不滿一個星期，就成功征服所有觀眾，從此走上獨立發展的道路。

聞名遐邇的女歌唱家馬莉布蘭可以從低音D接連升三個八度到達高音D，一位評論家對此極為讚賞。馬莉布蘭說：「為了做到這一點，我可是花費不少心血！有一段時期，我無時無刻不在思考怎麼發出這個音。穿衣服的時候，梳頭髮的時候，穿鞋子的時候，都在思考這個問題。後來，總算在穿鞋子的時候找到靈感，花費我一個星期的時間！」

傑出的演員嘉里科同樣對自己的工作傾注極大的熱情。有一次，他被一個不得志的牧師追問，如何才可以吸引觀眾的注意力。**嘉里科說：「我們之間有很大的不同。面對觀眾的時候，我說的都是一些虛構的台詞，你說的卻是顛撲不破的真理。為了取信於觀眾，我在說這些台詞的時候，必須先從內心深處堅信它們都是事實。你與我卻正好相反，你在說那些真理的時候，態度含混，似乎自己也不確認它們是否為真理，別人又如何相信你？」**

愛默生曾經說：「熱情創造人類史上所有偉大的事件。舉例來說，阿拉伯人在穆罕默德的領導下，只經歷幾年時間，就建造一個強大的國家，其疆域甚至超出偉大的羅馬帝國。因為有堅定的信念支撐他們的軍隊，即使他們沒有盔甲裝備，也可以與正規騎兵一較高下。甚至女性也與男性一起上陣殺敵，將羅馬軍隊打得落花流水。他們的首領有極高的威信，只要用手杖在地上敲一下，所有臣民就無人敢提出異議。他們的軍隊紀律極為嚴明，可以說是秋毫無犯，只依靠落後的武器裝備和緊缺的糧草供應支撐到最後，在亞洲和非洲以及歐洲的西班牙開拓大片的疆土。」

如果人們可以集中全部精力，竭盡所能達成自己渴求的勝利，就可以說他有極大的熱情。在創作《鐘樓怪人》的過程中，雨果正是在這種超凡的熱情驅使下，將所有外套全部鎖起來，禁止自己外出，以求可以全心全意地完成自己的工作。最終，他依靠這種熱情，完成這部曠世名著。

為了研究解剖學，偉大的雕塑師米開朗基羅耗費十二年的時間，並且險些賠上自己的健康。然而，有付出必有收穫，這十二年的艱苦訓練，為他日後取得的偉大成就打下堅實的基礎。之後，他每次進行人體雕塑的時候，首先思考的就是骨架，其次才是肌肉、脂肪、皮膚。相較於這些，倍受別人重視的服飾反而是他最後才會思考的問題。在創作的過程中，他會將所有雕刻工具都用到，例如：鑿子、鉗子、銼刀。顏料方面的準備工作，他絕對不允許別人插手，從顏料的選擇到調配，全部由自己親力親為。

英國著名作家約翰・班揚的生活一直十分貧困，但是他對宗教有極大的熱情，一直堅持布道。小時候，他曾經上過學，但是學到的知識卻在成年以後全部被拋諸腦後，只能依靠妻子的幫助，重新開始一點一滴地學習。憑藉自己對於宗教信仰的巨大熱情，他最後終於寫出傳世巨著《天路歷程》。

**英國作家查爾斯・金斯萊曾經說：「對於年輕人表現出來的巨大熱情，人們總是一邊笑著讚賞，一邊在心裡反思：為什麼自己的熱情一去不復返？他們在遺憾與疑惑的同時，沒有發現這種熱情的遺失很大程度上是由自己造成的。」**

但丁的滿腔熱情，留給後人龐大的精神遺產。丁尼聖憑藉自己的熱情，十八歲創作自己的第一部作品，十九歲獲得劍橋金質獎章。

**英國作家羅斯金說：「無論在哪個藝術領域，最美好的成就都是由年輕人創造出來的。」英國政治家迪斯雷利也說：「所有驚世駭俗的壯舉，都是飽含熱情的年輕人創造的。」美國政治家特朗布爾博士說：「上帝統領整個世界，年輕人親力親為，創造這個世界。」**

偉大的藝術家在創作的時候飽含的熱情，會在其作品中展露無遺，無論是當時還是後世的欣賞者，都會在其中感受到一種神秘的氛圍，令人彷彿置身於作者當時所處的濃厚創作氛圍中。為貝多芬創作傳記的作家，曾經敘述以下一件事情：

冬夜，我們沐浴銀灰色的月光，行走在波恩的一條窄巷中。經過一間小屋的時候，貝多芬突然叫我停住腳步，然後說：「是誰在彈奏我的F大調奏鳴曲？你聽，彈得真好啊！」

樂曲即將結束的時候，琴聲立刻停住，有人嗚咽地說：「我彈不下去，這麼好的樂曲，我卻無法彈好它，如果我們可以去科隆聽音樂會上的現場演奏就好了。」

「妹妹，不要這樣！」另一個聲音對她說：「現在我們連房租都交不起，怎麼可能去聽音樂會？」

他的妹妹說：「我也明白這是不可能實現的。我只是在心裡想像一下，如果可以去聽音樂會，是一件多麼美妙的事情啊！」

這個時候，貝多芬對我說：「走，我們進去看看到底是什麼情況！」

「我們進去可以做什麼？」我反問他。

「我要親自為她演奏！她是我的知音，她真正瞭解我的音樂，並且深愛它們，所以我一定要親自為她演奏幾首樂曲！」這樣說著，貝多芬已經打開門走進去。

狹窄的房間裡，只見一個年輕男子坐在桌子旁邊補鞋。有一個年輕女孩，神情哀傷地倚靠一架陳舊的老式鋼琴。貝多芬說：「打擾你們了，我在外面聽到琴聲，就不由自主地走進來。不好意思，剛才我聽到你們談話的內容。你們說，想要聽真正的現場演奏，正好我是一個樂師，就讓我來為你們彈奏幾首樂曲怎麼樣？」

補鞋的年輕人說：「謝謝您的好意！可是我們家的鋼琴很差勁，更何況我們對音樂也沒有什麼瞭解。」「怎麼可能？」貝多芬吃驚地大叫：「這個小姐……啊……」這個時候，他才發現那個年輕女孩竟然是一個盲人，極度驚訝之下，不禁張口結舌。他努力穩定情緒，又說：「真是不好意思，我太冒昧了。你是完全依靠聽覺來學習音樂，對嗎？可是剛才聽你說，你沒有聽過音樂會，是從什麼途徑學會這些樂曲？」

女孩說：「之前我們在布魯塞爾住過兩年時間。在那段期間，附近有一個夫人經常彈奏鋼琴。夏天，她總是開著窗，我就到窗下聽她彈鋼琴，就這樣學會這些樂曲。」

聽完她的話，貝多芬走到鋼琴前面坐下，開始彈奏。我從未看過貝多芬像今天這樣全心投入彈奏一首樂曲，那架陳舊的鋼琴就像被他的激情點燃。在悠揚的樂曲聲中，那對兄妹完全沉醉了。突然之間，房間裡唯一的蠟燭熄滅了，月光透過窗戶照進房間，傾灑一地。貝多芬突然停下來，埋頭苦思起來。

「太不可思議了！」年輕人低聲讚嘆：「請問您到底是誰？」「你仔細聽聽。」貝多芬一邊說著，一邊彈奏F大調奏鳴曲一開始的幾個小節。年輕人突然反應過來，驚喜地大叫：「您是貝多芬！」這個時候，貝多芬已經起身，看起來是要離開，年輕人急忙挽留：「請您再為我們彈奏一首樂曲吧！」

貝多芬說：「我立刻要以月光為題，創作一首奏鳴曲。」他專注地看著深藍的天幕，寒冷的冬夜，萬里無雲，只見一片星光燦爛。他看了一會兒，又坐回鋼琴旁邊，開始彈奏一首嶄新的樂曲，其中浸透濃濃的哀傷與深深的愛意。然後是一段三拍的過門，輕靈優美，彷彿美麗的仙女在翩翩起舞。最後是激烈奔放的尾聲，緊張得扣人心弦，讓人情不自禁地產生一種感覺，就像被某種未知的恐慌帶離現實，身心與奇妙的幻想融為一體。

樂曲結束，貝多芬起身與他們道別，隨即走向門口。「您還會再來嗎？」兩兄妹不約而同地問。「我會再來幫忙指導這個小姐，」貝多芬匆忙地說：「但是現在我必須離開。」接著，他轉身對我說：「趁著這首樂曲我現在還可以記住，我們一定要趕快回去，把它寫下來。」於是，我們急忙趕回去。在黎明到來的時候，貝多芬終於將《月光奏鳴曲》的曲譜完整記錄下來。

**由此可見，想要取得一番成就，熱情必不可少。**

# 一第四章一

# 敢拼，將來的你才會感謝現在的自己

「人類雖然生來自由，但是在生命的旅途中卻經常受到束縛。」如果人們不能突破自己所處的困境，只是唯命是從而甘心受縛，將會嚴重損害其積極進取的熱情，抑制其才能的發揮，最終墜入失敗的深淵。

人們從束縛中脫身，重獲心靈的自由，其過程就像雕琢一塊鑽石。想要讓鑽石釋放最璀璨的光芒，就要歷經無數的雕琢與磨礪。想要取得人生的輝煌，也要歷盡各種的磨難。人們想要有所成就，就要讓自己脫離外界的束縛。

# 有付出才有收穫

付出多少，收穫多少，命運向來都很公平。如果想要得到某種成果，就要付出足夠的心血，堅持不懈地努力。逆水行舟，不進則退，別人都在為了夢想努力奮鬥的時候，毫無進取心而得過且過的人就是在倒退，最好的情形只是站在原地不動。這種人不可能有新的收穫，因為他們不付出任何努力，對現狀十分滿足。擁有遠大理想的人永遠走在追求進步的道路上，他們不斷給自己制定更高的目標，在完成的過程中超越自我。最終，他們會成為時代的領先者，因為他們在前進的過程中會越來越勇敢而樂觀。

想要讓井水流出，必須先將它從井中抽取上來，我們需要多少就要抽出多少。做人也是一樣，我們不可能不付出就有收穫，獲取任何事物都要交付同等代價。我們想要獲得豐收，就要慷慨大方而真心實意地付出。**吝嗇付出的人不可能有好的收穫，並且越小氣，收穫越少。行善之人都會有意想不到的收穫，這種收穫與付出成正比，越慷慨而善良的人，**

**在付出之後得到的回報越多。**

一個偉大的慈善家曾經說：「世界上最有利的投資就是精神上的付出。我們的生活因此而五彩繽紛，充滿新鮮的活力，我們的精神狀態更飽滿，我們的付出將會獲得豐厚的回報。不要看我現在捐出去大量過往累積的財富，但是我在付出的同時收穫得更多，只是這種收穫是一個長期的過程，我們無法立刻看到。」

曼洛特・薩威奇曾經在教堂裡對眾人說：「我不斷地強調，我們的世界處於貧困之中，有很多人吃不飽。如果不再繼續生產，兩三年之後，現有的糧食就會被全部吃光。那個時候，人類就會從這個地球上消失。因此，我們需要聯合起來，共同謀求人類的福利事業。一個人，只有付出一定的東西之後，才可以從這個世界取走一些東西。如果他拿走東西，卻沒有補償，他就是小偷。」

**有付出才會有收穫，這是財富增加的基礎，過於計較利益得失的人或許會損失更多。**

有一個身材瘦小的小夥子堅持健身，一個體格強壯的人看見以後忍不住勸他：「年輕人，你還是把力氣留著明天工作吧！你太虛弱了，怎麼經得起這樣折騰？你把體力花費在雙槓和啞鈴上只是白費力氣。」那個小夥子回答：「先生，你的心地真好，謝謝你！但是我想要獲得好的體力，就要先付出自己的體力。我現在把體力消耗在這些健身器材上，正是為了鍛鍊更強大的力量。在這個過程中，我會逐漸獲得強壯的肌肉和體魄。」

心地善良的人總是會忍不住去幫助那些有困難的人，他們都會先替別人著想，也會向那些為自己服務的人表達衷心的謝意。即使只是報童或是飯店和餐廳的服務生，他們也會以真誠的笑容回報。他們的這種付出，使得他們原本就高尚的品格更高尚，原本就寬廣的胸懷更寬廣，他們的收穫大於他們付出的。儘管如此，這些人不是為了獲取回報才慷慨付出，這種結果完全是「無心插柳柳成蔭」。他們給予憂傷之人安慰和鼓勵，使這些人重拾信心，充滿自信地大步向前邁進。他們真誠而理解的目光以及溫暖的雙手，可以幫助身處絕境之人找回勇氣與信念，重新站起來，勇敢地面對新生活。

**美國作家梭羅說：「付出不可能沒有回報。如果有人不畏艱難地努力付出以後卻毫無收穫，這是違背上帝制定的原則。那些令人欽佩的執著追求真理的人士，是心胸博大寬廣而具有英雄氣概之人。這樣的人，他們的努力絕對不會白費。」**

有付出才會有回報，我們應該隨時牢記這一點。我們應該以這種心態來面對生活，我們蘊藏的潛能和優秀的品格會在付出的過程中顯現出來，豐盛的晚餐在前方等待我們。

有一個男孩只有十二歲，卻已經彈得一手好鋼琴。有一次，他問著名的音樂家莫札特：「我希望可以自己創作樂曲，您認為我應該從什麼時候開始付諸行動？」莫札特回答：「不要著急，再等一陣子吧！」小男孩疑惑地說：「但是您在比我還小的時候，就已經開始獨立創作樂曲！」「不錯，可是我從來沒有考慮過你問的這個問題。」莫札特回答：「因為創作是一種自然的瓜熟蒂落的過程，只要你上升到一定的水準，就可以很自然地創作屬於自己的作品。」

不要為自己過人的天分而沾沾自喜和自視甚高，只有蠢材才會認為只憑天分就可以取得成功。就算一開始你是上帝的寵兒，起步比所有人順利，可是在過程中如果麻痺大意和放鬆懈怠，仍然會遠遠落在人們身後。**年輕人在追求理想的道路上，一定要謹記：勤奮努力！想要得到豐厚的收穫，就要付出艱辛的努力。**害怕辛苦而逃避鬆懈，最終只會一事無成。立刻投入工作，戰勝我們體內強大的惰性，戰勝我們最強大的敵人——自己！因為，這是通往成功的唯一道路。我們必須正視戰勝自己是一件非常困難的事情，必須付出極大的努力，並且以超人的意志堅持到底。

在所有天賦很高的人之中，最終淪為平庸之輩的人多於真正成為天才的人。**對此，英國畫家雷諾茲做出評論：「只是等待和期盼，無法使自己成為天才，因為天才是一種能力，而不是直接由上帝創造的。」**有這樣一句話：「天才，是百分之一的天賦加上百分之九十九的汗水。」那些認為天才都是上帝寵兒的年輕人，都應該記住這句話，不要以為他們的成功只是因為優秀的才能和獨特的天賦。想要取得巨大的成功，就要從現在開始努力付出和奮鬥，原地不動無法等來成功。所有名人和學者所取得的光輝成就，都離不開他們持之以恆和全力以赴地奮鬥。

畢奇爾說：「從來沒有哪種新型文學作品或藝術流派的出現是不費吹灰之力的。所有創新的成果，都是首創者心血的結晶。他們付出的巨大努力，在一般人看來簡直不可思議。天才如果想要成功，同樣需要勤奮，否則就會浪費他們出眾的天賦。」

**對於那些擅長發現機會並且可以及時抓住機會的人而言，每次機會的到來就像播撒一粒種子。這些種子會逐漸生根發芽，將更多的機會帶給他們或是與之相關的人。**所有勤奮工作的人都會發現，自己的人生之路越走越寬闊，他們在這條道路上堅持不懈地走下去，會越來越接近成功的終點。事實上，在通往成功的道路上，每個人都有機會走到最後。不管你是什麼身分和職業，政府公務員也好，公司員工也罷，工程師也好，普通學生也罷，都有走上成功大道的機會。更何況，在高度發展的現代社會，這條通往成功的道路比以往任何年代還要更寬闊而平坦。

# 保持強烈的進取心

航海羅盤在未被磁化之前，其指標會隨著地點的變化不斷發生改變，這種情況在它被磁化以後就會消失。到那個時候，就像是有一種未知的力量在控制羅盤，不管將它擺放在哪裡，指針的方向都不會發生改變。

未被磁化的羅盤，就像那些甘於平凡的人，在他們身上完全不存在那種未知的力量，也就是積極進取的精神，他們毫無追求而心甘情願地過著平庸的生活。**我們的進取心來自何處？是什麼力量支撐我們不斷朝著目標奮進？進取心如何促成我們最終的成功？**

進取心到底是怎樣的？這個問題很少有人認真考慮過。進取心對人們的影響力巨大，其本質就是宇宙的一個奧妙。所有人的體內都隱藏進取心，它就像本能一樣讓人難以察覺。想要掌握那種未知而強大的力量，就要將這種進取心喚醒。

**人們是否可以獲得成功，關鍵在於其是否具備堅定的意志與強烈的進取心。人們可以**

**在面對困境的時候堅持奮進，原因就在於這兩種力量的支撐**。它們是人類身上表現出來的強大力量，絕非單純的人為創造。它們對於我們的人生影響巨大，許多人甘心捨棄良好的生活條件，讓自己吃盡苦頭，就是為了得到這兩種偉大的力量。

每粒種子都有向上生長的本能，這種本能存在於每個生物原子中，所有生物原子都具有生命。這種本能所產生的巨大力量，促使種子發芽生長，最終開花結果。所有的生物都是在這種力量的推動下，有條不紊地運行在各自的生命軌道中。人類體內也存在這種力量，人們對於完美的追求，正是在這種力量的刺激下進行。上帝賜予我們這種力量，並且賦予每個人對它的使用權，但是不表示它從此屬於每個人，不會再發生改變。事實上，如果將這種力量長期閒置，它就會主動離我們而去。對於一個懶散的人而言，這種力量同樣無法發揮作用。

**想要獲得滿意的收穫，就要學會充分利用這種力量，不斷提醒自己：在成功的道路上，絕對不能有絲毫鬆懈**。想要獲得光明的未來，就要馬不停蹄地奮鬥到底。人類的進取心不會停滯，追求的目標也會不斷提升，因為人類有無窮無盡的能量，完全可以實現這些目標。人類文明現在達到的高度是前無古人的，然而不表示我們可以志滿意得而裹足不前。這種強大的力量會不斷地鞭策我們，切忌為微小的成就自鳴得意，前方還有更遠大的目標在等待我們。我們會在這種力量的驅策下，不斷朝著更高的目標奮進。

**梭羅說：「人們窮盡一生的力量追求同一個目標，豈料最終竟然一無所獲。這種事情你聽過嗎？不，你絕對不可能聽過這種事情，因為根本不會存在這樣的情況。人們在認準目標以後，堅持不懈地為之奮鬥，其才能必定會在這個過程中不斷得到提升。在這個世界上，沒有一份努力是毫無收穫的。任何對美好理想的執著追求，最終都會有所得。」**

在當今社會，我們經常看到這樣的例子：有些人生下來就很有天分，只要他們可以利用自己的天分，就可以取得很好的成績。然而，他們最終卻一事無成，在一個平凡的工作上浪費自己的一生。他們會得到這樣的結果，原因就是沒有進取心，所以沒有用心接受教育，充分發掘自己的潛能。薪水高低是他們對工作最大的衡量標準，這種人很難看到工作的真正價值，也不會用心尋找適合自己的工作，並且在其中傾注全部的精力，最終有所成就。人們受教育程度的高低，與其工作效率和工作成果緊密相關。例如：一個技工想要工作稱職，就要接受專業的訓練，否則很難勝任這個工作。

進取心會對人們產生強大的激勵作用，幫助人們培養高尚的品格。**用美好的品格取代惡劣的品格，是消除品格中惡劣成分的最好途徑。**強烈的進取心，會促使人們不斷進行自我激勵，不斷追求更遠大的目標，對於消除人們的惡劣品格和不良習慣會產生巨大的促進作用，有助於將惡劣品格和不良習慣成長的環境徹底破壞。這樣一來，它們就會從我們身上消失。

**想要避免陷入墮落的深淵，最好的方法就是不斷朝著更遠大的目標奮進。**進取心不在強弱，它就像希望的種子，如果遇到適合的生長環境，就會迅速地生長壯大，並且開花結果。這就要求我們在得到這粒種子的同時，必須提供它生長所需要的環境，否則這粒種子根本無法存活。進取心消失以後，我們的人生將會長滿荒蕪的雜草。

許多人覺得進取心完全無法培養，因為它的強弱是與生俱來的。事實上，這種想法是完全錯誤的。很多人因此自甘平庸，不再努力，更是錯上加錯。進取心可以借助後天的努力來培養，而且就算人們生來進取心強烈，如果不注意後天保持，也會在困境中逐漸被磨蝕。一個人習慣做事拖延，或是逃避責任，都會對其進取心產生不良影響。當然，強烈的進取心也可以透過良好的心理狀態來培養。

很多人經常會感受到自己體內進取心的騷動，但是因為他們畏懼艱辛的奮鬥之路，所以沒有勇氣採取行動來擺脫現狀，以滿足自己的進取心。時間長了，起初強烈的進取心逐漸減弱，最終消失不見。這樣的人，終其一生都不敢振作起來並且勇敢追求成功，所以等待他們的只是一事無成。

人們經常會聆聽到上帝的召喚：「努力吧，成功將會屬於你。」所有生命的本能都是竭盡所能追求更高的目標，這也是自然界的運行規律。這種努力不懈的追求，使毛毛蟲最終蛻變為蝴蝶，醜小鴨最終成為白天鵝。生物進化規律是不斷向上的，一般不會出現完全相反的現象，由蝴蝶變為毛毛蟲，或是由白天鵝退化成醜小鴨，即使出現也是暫時的。

假如你聽到上帝的召喚，就要做出選擇，這個選擇會關係到你一生的成敗。要是你選擇無動於衷，這種召喚就會逐漸減弱，直到最後消失，你的進取心也會隨之消失。反之，要是你選擇接受這種召喚，奮起努力，終有一日，你會迎來屬於自己的成功。因為想要成為一個成功者，就要隨時保持旺盛的進取心，不斷行進在追求進步的道路上，無論如何都不能有半分鬆懈。**一個哲學家說：「沒有人會重視一個終日無所作為的人，在這個競爭激烈的社會，不思進取的人會最早遭到淘汰。不要以為自己不追求做大人物，只要做小人物就可以高枕無憂。殊不知，飽食終日而無所事事之人，連小人物也沒有資格做，等待他們的只是一敗塗地的悲慘結局。」**

每個人都應該記住班傑明・派克的這段話：

假如你認定自己是強者，

就要勇敢踏上強者的征程，
越過無邊草原，
穿過無盡暗夜。

# 珍惜精力和時間

**每個人的精力和時間都是有限的，所以精力和時間可以稱得上是一個人最寶貴的財富。**那些聰明的人，總是可以讓它們得到充分利用，從來不會輕易地將其浪費。

如果可以充分利用自己的精力和時間，就可以取得成功。可是很多人把精力和時間消耗在一些無關緊要甚至無聊的事情上，所以他們無法取得成功。

許多女性喜歡把時間和精力花費在毫無意義的事情上，例如：逛街和試穿衣服。她們會反覆挑選衣服，然後一件一件地試穿，最後把自己弄得疲憊不堪，卻一件也沒有買。她們還會為了挑選一頂與自己臉型匹配的帽子或是一雙最近流行的手套，不惜花費一天的時間。這樣做真是太浪費，她們為什麼不將這些時間和精力花費在更有意義的事情上？例如：幫助那些有困難的人，或是給自己充電，使自己活得更充實。挑選自己喜歡的東西，這個行為本身當然無可厚非，但是在我們的生命中，還有很多更重要的事情等著我們去完成，如果讓這些事情成為我們生活的主題，我們的生命還有什麼意義？**浪費精力和時間，就等於浪費機會。如果一個人總是錯過機會，他一生也不會有任何成就**。因此，想要成功，就要從現在開始，珍惜精力和時間。很多人會犯一個非常嚴重的錯誤，他們把錢財看得非常重要，卻忽略精力和時間。殊不知，精力和時間比金錢更寶貴。他們根本不珍惜自己的精力和時間，總是肆無忌憚地享樂。

很多人覺得浪費自己的精力和時間是一件無所謂的事情，本來可以做好的事情，他們卻沒有做好；本來可以在年輕的時候不斷地提升自己，以利於將來成就一番事業，可是他們卻做一些毫無意義的事情；本來可以讀一本好書，可是他們卻讀一本無關緊要的書。他們做事的時候，總是心不在焉，花費許多時間才可以把一件事情做好；他們工作的時候，也從來沒有盡力。

想要成就大事，就不能在枝微末節上斤斤計較。有些商人志向高遠，為自己的目標不停地努力，可是他們把精力和時間浪費在無關緊要的工作上。他們每天都忙個不停，一直工作到深夜，但是他們的收穫與付出不成正比。**其實，他們不知道，做事的關鍵在於效率，只有清醒的頭腦才可以提高效率。**對一個人而言，遇事冷靜非常重要。一個人心浮氣躁的時候，不僅無法把事情做好，反而有可能把事情搞砸。

一個人在一段時間裡，最好只做一件事情，因為同時做幾件事情，有可能一件也做不好。學會分辨哪些事情重要，哪些事情不重要，哪些事情需要先做，哪些事情可以晚做，然後就可以集中精力做那些重要而且必須要做的事情。只有這樣，才可以更好地提高效率。如果我們可以合理地利用自己的精力和時間，就可以在一定時期之內做好更多事情。

約翰・亞當斯總統在眾議院任職期間，每次他一露面，就是在無聲地告訴大家：「立刻開始會議吧，時間就要到了。」由於這個原因，他經常被稱為「時間的代言者」。他的準時習慣蔓延至工作和生活的各方面，例如：他絕對不會在赴約的時候遲到。**「時間是如此的珍貴！浪費別人的時間，就等於浪費別人的生命！」亞當斯這樣說。**

在英國，人們建造一座大廈。在大廈裡，有很多律師辦公，這些律師經常會到走廊和大廳開會。為了給這些律師提供方便，人們準備在大廈的正面裝一個非常大的時鐘。造鐘的人覺得只裝一個大鐘會讓人覺得突兀，於是想要徵集一句格言放在大鐘下面。他把這個任務交給一個正在開會的人，這個人看到一個忙於工作的人，就向他徵集格言。那個人正在全神貫注地工作，根本不知道這個人說什麼。為了不讓這個人打擾自己工作，他隨便說一句：「沒有看到我很忙嗎？不要來打擾我。」這個人聽到這句話以後就立刻記下來，然後回去找造鐘的人。造鐘的人聽到這句話之後非常驚訝，他覺得這句話根本不像格言。可是，猶豫一會兒之後，他還是決定要使用這句話。因為他認為，這句話可以讓那些懶惰的人懂得珍惜時間。

那些做出偉大事業的人，都非常善於利用精力和時間。他們非常重視自己的身體，用各種安全措施來保證自己的身體不受損傷。**他們任何時候都不會輕易浪費自己的精力，因為他們知道，充沛的精力是成功的關鍵因素。**

**人們總是錯誤地認為，只有在工作的時候，精力和時間才會被浪費。其實並不是這樣，在家裡也會浪費精力和時間，而且不比在工作中浪費的精力和時間少。**

很多家庭主婦總是花費很長時間來講電話，或是與客人閒談。當然，不是每個婦女都如此。聰明的婦女總是可以充分利用時間，把家裡收拾得井然有序。那些不懂得利用時間的婦女，總是把時間浪費在一些毫無意義的事情上。有時候，她們還會浪費其他人的時間。她們去別人家裡做客的時候，總是沒完沒了地閒談，如果主人不趕她們走，她們就會一直待下去。這樣的婦女，根本沒有意識到時間的寶貴。

在談論「浪費生命」這個話題的時候，一位非常有名的作家說：「每個偉大的人，都懂得時間的重要性。他們會珍惜每一分每一秒，從來不會虛度光陰。如果無法充分利用時間，想要取得成功，基本上不可能。浪費時間的人都會受到懲罰。想要獲得幸福，就要充分利用時間去不斷奮鬥。很多人總是抱怨，自己沒有取得成功，是因為自己時運不濟，沒有遇到好機會。其實，他們不是沒有遇到機會，而是讓機會從自己面前溜走。因為他們不懂得利用時間，機會就隱藏在這些微不足道的時間裡。**浪費時間，不僅會讓自己的信心受到打擊，夢想難以實現，還會讓自己無法獲得幸福的生活。**」

對於科學家和藝術家來說，每天的二十四小時都非常重要，他們可以創造很多有價值的東西。對於一個渴望成功的年輕人來說，這二十四小時同樣重要。

無數個今天組成歷史，無數個今天造就未來。**因此，每天早晨醒來以後要做的第一件事情就是：如何充分利用一天的時間來做有意義的事情。**如果想要取得成功，每一分每一秒都不能虛度。不管做什麼工作，都應該珍惜每一秒鐘。

迪恩·阿爾福德曾經說：「時間的價值不是一成不變的。有時候，關鍵時刻的一秒鐘，比平時的一年更有價值。一般來說，時間與收穫不成正比。也許有人用一年的時間去做一件事情，結果卻沒有做成。同樣做這件事情，別人可能只用一個月就足夠了。」

**人生苦短，我們想要取得成功，就要學會合理運用有限的精力。首先要制定一個切實可行的計畫，然後集中精力去完成它。**古往今來，每個成功人士都是懂得對自己有限的精力善加利用之人，他們隨時都在思考如何使利益最大化，使得他們處事鎮定並且謀而後動，進而避免在人生道路上走冤枉路。

時光飛逝，千萬不要把精力和時間浪費在毫無意義的事情上。我們要充分利用每一天，為了夢想而努力奮鬥。我們的生命非常短暫，如果什麼也不做，只是盯著時鐘看，我們什麼也無法得到，要充分利用每一秒鐘去追求自己的理想。

# 機會青睞有準備的頭腦

天賦是上帝賜予的，其他人再如何努力也註定無法取得成功，這種觀點普遍存在於年輕人之間。**然而在成功面前，每個人都是有機會的，在上帝眼中，眾生皆平等。是否可以抓住這個機會因人而異，因為機會只給有準備的人。**那些每天不斷抱怨的人，即使遇到機會也無法抓住。不要因為自己能力差而覺得成功無望，我們可以透過後天的努力來彌補能力的不足。可笑的是，有些人不明白這個道理，他們因為自身能力不足而自暴自棄，在困惑和徘徊中得過且過，這樣當然不可能會成功。

在慘烈的車禍現場，一個英國男孩被一輛汽車從身上壓過。他的動脈已經破裂，鮮血不斷地湧出來。所有圍觀者都被這個情景嚇呆了，只能看著男孩在死亡邊緣苦苦掙扎而無力相救。這個時候，阿斯特利・庫帕出現了，他用自己的手帕牢牢紮住男孩的傷口。男孩總算不再流血，保住一條性命。圍觀者見狀，紛紛讚揚庫帕。正是這種讚揚，使庫帕立志要成為外科醫生，儘管外科醫生這個行業在當時不為人所知。

阿諾德曾經如此描述庫帕：「年輕的外科醫生終於等到幸運之神的降臨，成敗就看他能否抓住這次機會。在這次至關重要的手術之前，他一直專注於學習與實驗，做好充足的準備。對於成功，他經歷漫長的等待。然而，這次機會來得太突然，因為那個出色的醫生不在，就由他臨時替補。他甚至連猶豫的時間都沒有，因為病人的情況實在太危急，隨時都有可能離開人世，所以絕對不允許他有半分遲疑。他可以完全代替那個出色的醫生，將手術順利做完嗎？假如答案是肯定的，他就會成為一位優秀的外科醫生。現在他與成功的機會相視而立，是勇敢上前，抓住這個機會爭取最後的成功，還是膽怯退縮，放任機會白白溜走？結局完全由他自己掌控。」幸好，庫帕已經做好充足的準備，所以才有能力應付這個意外狀況，同時也抓住一次讓自己成名的機會。

**想要應付事件發展過程中可能出現的各種意外狀況，就要在事件開始之前做好充足的準備，儲備足夠的知識與能量。**不要在能量儲備不足的時候，將那些艱鉅的任務攬在身上。這樣做對你沒有任何益處，只會造成精力的巨大浪費，並且有可能使你錯失其他成功的良機。一位出色的學者說：「假如我只能活十年，我會用前九年的時間累積能量，最後在第十年爆發。」

機會只給有準備的人。建造房屋要先有圖紙，修建鐵路要先打牢地基，雕刻藝術品要先勾勒整體輪廓，所有事情的成功都離不開周密的計畫與準備。

法國偉大的文學家巴爾札克曾經花費一天甚至一個星期的時間，斟酌某個字句的用法是否妥當。可是如今，有些不受讀者歡迎的作家，只是感嘆巴爾札克取得舉世矚目的文學成就，並且覺得非常詫異，卻沒有反思自身的原因，更沒有深入瞭解其苦心孤詣。這種膚淺的作家，永遠不知道自己的作品為什麼無法得到讀者的歡迎。

**成功需要提前做好充足的準備，需要投入全部的精力，它不是輕易就可以獲取的。在做好成功的準備以後，才有成功的可能。**

英國文學家狄更斯從來不會在沒有準備的前提下對讀者發表演說，他在公眾面前發表的所有言論，都是建立在資料準備充足和確認無誤的基礎上。所以，不管做什麼事情，我們都要做好充足的準備，竭盡全力將其做好。

我們想要成功，就要先做好準備。要認清自我，對自己的性格和能力做出全面客觀的評價，從中找出缺點與不足，並且積極採取行動進行彌補，不斷提升自己的才能，為日後的成功做好充足的準備。

**「他因為準備不充分而敗得一塌糊塗。」很多失敗者的墓碑上都刻著這樣的話語，剛**

**進入社會的年輕人應該以此為戒。**現實生活中，有很多人正是由於準備不充分，導致做事的時候很辛苦，最後以失敗告終。儘管他們才華橫溢並且努力付出，也無法換來最後的成功。

提前做好準備，日後邁向成功的道路就會更輕鬆。就像秋天果實的豐收，離不開春天辛勤的播種。

隨時都在為成功做準備的人，他們將來必定會成功，這個規律在任何情況下都適用。即使身處困境，他們也不會自怨自艾，而是會抓住所有機會來獲取知識。這些人往往前程似錦，他們對待生活的態度積極樂觀，總是用心汲取對自己有用的資訊。

**想要獲得成功，還要對事情做出完整規劃，並且累積足夠力量。**湯瑪斯・金曾經說：「讓我學會累積力量的導師，是加州的一棵樹。」他這樣形容那棵樹：「面對那樣高大的一棵樹，我甚至連仰視它都不敢。它內部潛藏的能量極為強大，讓我深深為之震撼，心潮起伏，難以平復。它可以生長到現在的高度，必定經過長年累月的能量累積。它從肥沃的土壤中汲取充足的養分，從天空的降水中汲取充沛的水分。它的根系深植地下，日夜吸取成長所需要的各種養分，最終使自己長成參天大樹。」

意志堅定和處事果斷的年輕人，更有希望成功。在工作上，他們總是會提前制定計畫，即使在執行過程中遇到挫折也不會氣餒，反而把它看作上天對自己的考驗。**這種處事方式也適用於日常生活，凡事都應該提前做好準備，然後有條不紊而堅定不移地進行，專心投入其中，不受閒言碎語的影響。**

捫心自問，你是否已經準備好要迎接機會的到來？

# 集中精力做好一件事情

亨利・畢奇爾曾經被人們這樣追問：「你可以獲得今日的成就，最主要是依靠什麼？」亨利・畢奇爾笑著說：「很多人在做事的時候，往往要做兩三次才可以成功。我不管做什麼事情，都會竭盡全力，爭取做一次就成功。所以，我做事的數目比很多人少，但是效果比他們好，我成功的秘訣就在於此。」

這樣的做事方式非常值得我們借鑑。**想要使一件事情成功的可能性達到最高，就應該集中所有力量去做這件事情**。這件事情順利完成以後，再開始做另一件事情。這樣一來，可以最大限度地發揮我們的才能與精力，不會造成不必要的浪費。**集中精力，一次只做一件事情，這就是許多商務名流的成功之道**。

想要事業有成，就要全心投入工作。無論你此刻的工作是什麼，只要你還在這個職位上，就要集中精力把它做好，永遠不要為自己的懶惰找藉口。在工作上努力付出，會為你贏得肯定，進而實現你的價值。想要讓工作事半功倍，培養好習慣很重要。做任何事情都應該講求效率，切忌三心二意，消極怠工。

**想要在短期內收到最佳成效，就要把所有精力集中於一處**。幾天前，有一個年輕人寫信告訴我，他要去學習法律，但是他想要先做完另一件事情。這是一種完全錯誤的想法。很多年輕人之所以最後一事無成，正是因為有這種不好的習慣和想法。他們把自己一直從事不喜歡的工作的原因歸咎於運氣不好，並且對此心存抱怨。他們總是幻想滿意的工作機會自己送上門，從此過著幸福美好的生活。然而可悲的是，他們在這種等待中蹉跎歲月，一生的時光轉瞬即逝，至死也沒有等到想要的結果。有想要做的事情就應該立即去做，否則只會讓機會溜走。做事拖延的惰性，會使人無法將精力集中在一件事情上，最終什麼事情都做不好。始終拖延而不去做，其實是一種慢性自殺，可惜這些人並未領悟到。**工作經驗的累積就像滾雪球，會越積越多。無法集中精力於同一件事情，總是更換手中的雪球，永遠無法得到可以帶來非凡成就的大雪球，只能面對一堆小雪球**。因此，想要累積豐富的經驗，使事情做起來得心應手，就要學會把精力集中於一點，全神貫注地為之努力。

我們應該懂得珍惜時間，因為它非常有限。人們會隨著時間的流逝而變得慵懶懈怠。熱情與勇氣可以促進事業的成功，每個人在剛進入社會的時候都具備這種精神，我們應該將這種精神充分利用在某一個點上，進而獲得成功。

**有一句忠告，最適合送給那些做事不專心總是三心二意的人：站到最適合你站的地方。**

**想要在各方面都有所收穫之人，最終將會在任何方面都毫無成就。**青春短暫易逝，過後就像花朵般枯萎，所以我們應該珍惜自己精力充沛的青春時光，努力培養溫厚的性格和優秀的品格，這樣會為我們日後的成功之路累積充足的資本，浪費自己的精力是世界上最可悲的事情。

擁有特長的人才有希望成功，這個道理每個人都瞭解，但是很多人無法集中精力去學習一種對自己有利的特長。他們東學西學，總是在無用的事情上浪費精力，結果一生碌碌無為。

我們應該學習螞蟻把精力集中於一點的精神。蟻群在遇到大顆的食物以後，會齊心協力將它運回洞中，而不是就地分食。它們忍受搬運過程的艱辛，不把食物搬回家絕對不放手。螞蟻的故事告訴我們，只要集中精力，堅持不懈地去做事，就會有好的結果。**最快達成目的的方法，就是集中精力在這個目的上，明智之人都會這樣做。**

很多人在看到果農剪掉主枝以外的枝條時，為之感到可惜。其實，果農這麼做是為了使果樹結出更多果實，因為這些枝條會奪取果樹的養分，使果樹營養不良，結出酸澀難吃的果實。如果這樣，自己一年的辛苦就白費了。

經驗豐富的園丁也經常剪掉大量即將開放的花蕾，這樣做豈不是會減少許多美麗的花朵？其實，這樣做是為了讓養分更好地集中在剩下的花蕾上，使這些花蕾最終綻放成最珍貴和最稀有的花朵。

世事都是相通的。我們應該像培養花朵一樣做人，集中精力於一點，盡最大努力去奮鬥，才可以取得滿意的收穫。

我們必須把心中雜念如同剪枝般清除乾淨，才有可能取得某個方面的成功。**偉大的領袖和英雄都有一個共同點，他們都是將全部精力集中於一點的明智之人。**他們會堅持不懈地做自己最喜歡的事情，將所有無用的想法果斷捨棄，最終成就一番事業。

**很多人不是輸在能力不足上，只是在做事的時候沒有集中精力地全力以赴。**他們把精力花在許多無用的事情上，浪費寶貴的時間，並且毫無收穫。想要獲得極大的滿足感，就要學會集中精力為一件事情奮鬥，只要可以堅持下來，就可以得到驚人的收穫。

一把鋒利的刀可以抵過很多鈍刀，與其費力學習十幾種本領卻雜而不精，不如專心鑽研一種職業技能。有一技之長的人，隨時都在思考如何完善自己的職業技能，完全專注於自己的特長，做事總是盡全力追求完美。自認為擁有許多本領的人，他們的大腦被太多事情佔據，無法專注地做一件事情，即使他們可以將事情做完，取得的結果也不可能完美。

當今社會競爭十分激烈，我們想要站穩腳步，就要有一技之長。只有集中精力於一處，全心全意地做事，才可以順利取得事業的成功。

**妥善利用自己的精力，不要將其浪費在無關緊要的事情上，這一點對人們的成功至關重要。**可惜，很少有人可以做到這一點。大多數人的精力就像漏水的堤壩，白白流失的佔據大部分，用來工作的只佔極少的一部分。人們大半的精力都被壞習慣耗盡，例如：無法集中精力，神經過敏，消沉悲觀，恐慌不安，都會對人們的精力造成巨大的浪費，嚴重阻礙其通往成功的道路。

任何人如果想要取得成功，就要將全部精力集中於一點。如果三心二意，同時兼顧許多事情，就會對人們的精力造成難以想像的巨大浪費。沒有人長著三頭六臂，有能力在同一時間處理許多錯綜複雜的事情。**想要避免造成精力的浪費，最好的方法就是事先制定妥善的行動計畫，按照計畫展開高效率的行動，爭取在最短的時間內實現預定目標。**沒有人不想早日登上成功的高峰，所以集中精力地高效率做事，就成為所有人都應該堅持的做事方式。

年輕人在找工作的時候，需要綜合考慮自己的理想和個性，以求找到一個值得自己長期為之奮鬥的工作。做到這一點以後，就可以心無旁騖地為這個工作傾注自己的全部心血。在認定一個工作以後，就不要再顧盼左右，除非真的覺得這個工作不適合自己，並且瞭解更有利於自己發展的工作到底是怎樣的。要是對那個更好的工作沒有完全的把握，結果卻衝動地選擇辭職，這種行為非常不可取。只有自己對一切有把握的時候，才可以做出最理智和正確的決定。

近來，有報紙登出一則報導：有一家大型公司的總經理，收到兩家銀行的邀請：兼職擔任銀行的高級主管。然而出人意料的是，這個總經理卻同時拒絕他們的邀請。對此，很多人感到疑惑，覺得他浪費兩個好機會實在可惜。其後，總經理在接受採訪的時候，說明自己做出這種選擇的理由：「我要獲得事業上的成功，就要集中所有精力，朝一個目標前進。如果將自己的精力分散於許多工作，毫無疑問，等待我的只有失敗。」**這個總經理是真正有智慧的人，他深切領悟到：想要取得最大的成功，就要持之以恆地集中精力做同一件事情。**

許多人一生無所期待，儘管他們工作很努力，卻無法得到理想的成績。因為他們在做這個工作的時候，心裡卻在嚮往另一個工作。這種不夠專注的工作態度，讓他們在不知不覺中喪失積極進取的動力，最終造成這種尷尬的現狀。

一個將意志力分散於許多事情的人，在陷入困境的時候，不可能有足夠的意志迎難而上，爭取成功。**堅強的意志力就是成功的關鍵所在。**一個才華再出眾的人，如果意志不夠堅定，也是徒勞。成功反而會對資質平庸卻意志堅定地將同一件事情做好的人青睞有加。

人們看到的總是成功者的巨大榮耀，卻沒有看到榮耀背後的堅定付出。如果可以將所有精力集中在同一件事情上，這個世界上沒有人會是失敗者。如果一個人做事缺乏計畫與堅持，想到什麼做什麼，每件事情淺嘗輒止，半途而廢，永遠不會品嘗到成功的滋味。只要人們可以在工作中集中精力，堅持到底，一定會有所成就。

**成功者都是將所有精力集中在同一個工作中，鍥而不捨地堅持到底，才成為這個領域中的高手。**

— 第五章 —

# 挖掘潛能，不斷升級自己的人生資本

在競爭日益激烈的社會，一個人想要靠自己取得成功，必須具備強大的能力。首先要思想獨立，然後加強自己的進取心、判斷力、控制力，還要使自己變得靈活而有智慧。

只有不斷地努力提升能力，你的潛能才會被激發出來，各方面的能力才可以得到強化，進而才可以走向成功。

# 不斷提升自己的判斷力

缺乏判斷力的人，在做事之前總是猶豫不決，花費許多時間來考慮。他們很難將事情做完，甚至很多時候還沒有開始就放棄，很難取得成功。**究其原因，是他們缺乏主見，凡事想要徵求別人的意見，依靠別人的幫助來解決問題。**這種過程往往會使他們最後忘記自己的初衷，偏離航向，駛向失敗的彼岸。

有一種機器的力量很大，可以把廢舊的鋼鐵壓縮成堅固的鋼板。有準確判斷力的人就像這種機器，他們也具有強大的力量。如果下定決心，任何困難都無法阻止他們，他們會成功實現自己的理想。

有一個將軍很有判斷力，他雖然嚴肅而且不善言辭，但是打仗勇猛並且戰無不勝，猶如馳騁戰場的雄獅。他習慣在戰前做出周密部署並且立刻實施，他超凡的戰略才能總是可以幫助他走向成功。作戰計畫和實施方案都是由他決定，甚至他的參謀長也不允許參與其中。他在某地領兵打仗的時候就是如此，只向各部隊下達作戰任務和實施方案，其餘的一律不提，他的作戰計畫只有他的參謀長知道。

這個將軍的行程也完全由自己決定，不會讓人提前獲悉。據說在戰爭中，他曾經在早上六點造訪卡波城的一家旅館，發現原本應該值夜班的軍官們全部擅自離哨。於是，他找到軍官們的房間，無視他們的辯解與求饒，逕自遞給他們一張紙條，上面寫著：「今日上午十點乘專車赴前線，下午四點坐船返回。」他沒有說話，只透過一張紙條就產生殺雞儆猴的作用，在自己的下屬面前成功立威。

這個將軍擁有堅定的意志，做事從來不會半途而廢。同時，他為人處世超乎尋常地冷靜，不因為個人情感而做出不公正的決定，對待下屬賞罰分明。因為他瞭解自身責任重大，必須要這麼做。他最後可以一展抱負和成就事業，正是得益於自身的這些優秀品格。

這個將軍從來不打沒有把握的仗。對於任何問題，他都會冷靜分析並且制定計畫。同時，他淡泊名利，平易近人，不在意下屬對他的稱頌。事實上，所有人的稱頌他都不在意。這個將軍具有成功所需要的全部要素：充滿自信，做事專注，具有創造力和判斷力，並且可以敏銳機警地把握機會。這些優秀的品格成就一個縱橫沙場而戰無不勝的將軍，這個將軍堪稱成功的典範，值得每個渴望成功的人學習。

人類的智慧在陷入絕望悲觀的情緒中時，往往無法得到正常的發揮。**想要讓自己的一生沒有遺憾，就要堅決避免在絕望悲觀的時候衝動地做出決定**。不管那一刻有多麼痛苦和煎熬，都要堅持下去，否則會讓自己後悔終生。**因為正確的決定來自準確的判斷力，準確的判斷力又來自精準的分析**。在你對前途感到絕望而徹底失去理智的時候，你的才智已經完全無法發揮，只會做出最愚蠢和最差勁的決定，引導自己走向失敗的深淵。相反的，人們在心情舒暢的時候，往往頭腦靈活而思維清晰，對任何事情都可以做出準確的分析，進而可以做出最合理的決定。基於這種情況，一個人在絕望悲觀的時候魯莽地做出決定確實是極度愚蠢的行為。

**很多愚蠢的事情之所以會發生，原因就是當事人判斷能力的嚴重缺乏**。他們做出的決策不僅對事情的發展沒有任何幫助，反而促使其走向更惡劣的境況，並且在其間使得大量人力物力白白流失。

類似例子在現實中為數眾多。許多人儘管才華出眾，卻因為缺乏準確的判斷力，做出許多不可理喻的蠢事。**一個缺乏理智頭腦和準確判斷力的人，難以讓人對其產生信任與敬意**。成功的事業對他們而言，永遠是可望而不可即。

**擁有準確的判斷力，是贏得別人信任的一個重要條件**。在工作中，不管是大事還是小事，都應該認真負責地將其做好。很多人之所以會失敗，就是因為沒有重視小問題，任其不斷累積擴張，成為無法挽回的大問題。**人們素質的高低，最容易在處理小事的時候表現出來。**一個對小事隨便敷衍的人，很難成為令人仰望的成功人士。

想要不斷提升自己的判斷力，進而贏得別人的信任與尊敬，就應該做好與工作相關的所有事宜，無論事情大小，也無論自己是否感興趣，都要堅持到底，排除萬難，圓滿完成自己的工作。

## 增強自我控制力

要成為一個間諜，必須有極強的自我控制力。對於這種人而言，任何微小的失誤都可能造成不可估量的損失，甚至會因此葬送自己的性命。有一個間諜，在落入敵人手中以後，一直假裝又聾又啞，不管敵人採取什麼手段折磨他，他都沒有露出任何破綻。敵人無奈地說：「唉，這個人果然是一個啞巴，什麼都問不出來，乾脆放他走吧！」間諜知道自己有希望脫身，但是在這個關鍵時刻不能得意忘形，露出半分破綻，所以他還是站在原地，一動也不動。敵人終於信以為真，然後說：「這個人不是啞巴，就是傻子！」最終，他們釋放這個自制力極高的間諜。

《相夫教子》一書中記載：一個連自己都無法控制的母親，如何懂得教育孩子？**家人相處，最重要的是有和諧溫暖的氛圍，母親在家庭中發揮至關重要的作用**。有一個詞語叫做「以身作則」，在行動中樹立榜樣比說教來得更有效。母親如果自己都做不好，如何教育自己的孩子？只有沉著溫和並且以身作則的母親，才可以教育出真正懂事的孩子。

一個人深陷絕望悲觀的情緒中，不適合做出任何決定，尤其是可能會對自己的一生造成重大影響的決定。因為在這種情況下做出的決定，往往都是衝動而錯誤的決定，會使自己泥足深陷，難以振作。

身處絕望悲觀中的人們，在情緒恢復正常之前，根本沒有做出正確決定的能力。要證明這一點，最好的例子是：很多女性會在極度消沉的情況下做出決定，嫁給自己不喜歡的男人。所以，要避免在這個時候做任何決定。

許多男性在事業遭遇挫折的時候，會消極地決定破產。殊不知，這種挫折只是暫時的，只要他們不輕言放棄，繼續奮鬥下去，就可以贏得最後的成功。正在痛苦中煎熬的人們，即使知道這種煎熬終究會過去，還是不由自主地做出錯誤的決定，有些非常脆弱的人甚至選擇結束自己的生命。很明顯，人們的判斷力會在痛苦煎熬中消耗殆盡。

許多人為了宣洩一時的衝動而開始做某件事情。**詹姆士·波爾頓說：「在做任何決定之前都應該考慮清楚，切忌魯莽行事，否則可能會造成不可估量的損失。」喬治·艾略特說：「很多女性的境況淒涼，起因只是她們一時衝動，做出錯誤的決定。」**

很多人不知道，林肯年輕的時候脾氣非常暴躁，經常為一些小事而怒火沖天。他在意識到這一點以後，就開始努力改善自己的缺點，終於將自己變成一個沉著冷靜的人。他對自己的朋友弗尼上校說：「我擁有現在的成就，是因為在『黑鷹之戰』過後，我發現自己性格上的缺點，於是不斷提醒自己改正，並且取得成功。」一個真正強大的人，絕對不會以衝動火爆的方式炫耀自己的能力。這種脾氣暴躁的人，永遠無法得到人們的尊敬。

新上任的船長對全體船員說：「從現在開始，我就是這艘船的新任船長。作為一個士兵，你們都要向我這個軍官負責。我的任何命令，你們都要無條件地服從！」船員問：「你要命令我們做什麼？」船長回答：「無論什麼命令你們都要照辦，而且我可以隨時對你們發脾氣，用所有詞彙罵你們！」試問，這樣的船長會贏得民心嗎？

戰場上的拿破崙，不管對手多麼強大，都不會驚慌失態。然而，他在荒島上度過生命中的最後一段時期的時候，卻經常為一些微不足道的事情，與哈德遜・羅爾爵士發生爭吵，儀態盡失。

還有一個人，雖然他家境貧寒，但是他一直勤奮苦讀，最終憑藉自己的辛苦付出，取得事業的成功和公眾的認同。可是，他卻犯下一個愚蠢的錯誤——情緒失控，因此毀掉自己的努力成果。就像一個不按常理出牌的藝術家，不眠不休地在一塊大理石上仔細雕刻自己的作品，卻突然在即將完成的時候用錘子將其砸毀，然後再找一塊大理石重新雕刻。生活中，雖然不可能存在這樣的人，但是肯定存在與之相似的人。

當我們還是孩子的時候，就開始學習控制自己的情緒。在之後的人生旅途中，無論遭遇多少坎坷與磨難，這種本領都會保護我們免受更大的傷害。**想要獲得健康的身心，絕非藥物可以辦到，愉悅平和的心境才是最重要的。長期處於暴躁焦慮的狀態，會引發各類疾病，對身體和心靈造成極大的傷害。**

人們在做一些事情的時候，往往不會考慮到後果有多麼嚴重，只顧橫衝直撞，無法自控，為逞一時之快，肆意發洩怒火，為自己的一生留下不可磨滅的陰影。假如可以徹底杜絕憤怒產生的源頭，將自己變成一個胸懷博大之人，就不會出現這樣的惡果。只需要待人以愛，就可以很容易地做到這一點。到那個時候，就不會再輕易發怒。這個看似簡單的方法，其效果卻好得出奇。憤怒的大雨即將來臨之際，一縷友愛的陽光就可以將其化於無形，這就是寬容博大的思想可以產生的強大能量。

人們總是喜歡與溫文有禮的人交往，沒有人會喜歡焦躁古怪的人。對舒適愉悅的追求是人類的天性，沒有人會喜歡找麻煩。一個沒有耐性的人，在社會中幾乎寸步難行，不管他的才華多麼出眾，也無法挽回這種頹勢。**許多人的一生，都是毀於「焦躁」二字。老闆永遠不會重用缺乏耐性的員工，只有耐心細緻而滿腔熱忱的員工，才會有更多升職機會。**

醫生告誡我們要克制自己的脾氣，煩躁和狂怒有損身心健康，即使只是一會兒也不例外。長期處於這種煩躁易怒的狀態，相當於慢性自殺。因為嫉妒成性和暴躁易怒而留下滿臉皺紋的女人是最醜陋的，笑容甜美和神態安詳的女人，所有男人都喜歡。

良好的心態可以使人永保青春，同理我們可以推斷，暴躁的脾氣可以毀掉一個人的美貌。怒火中燒的女人毫無魅力可言，沒有人會認為一個潑婦很可愛，她們只會變得越來越醜陋，讓人討厭，即使擁有傾國傾城的美貌，也無法逃脫這個下場。**暴躁的脾氣還會損害我們的身心健康，縮短我們的壽命，無論男女都是如此，只是在女人身上更明顯。**所有女人都渴望青春和美貌，所以更應該戒驕戒躁，因為挑剔成性、尖酸刻薄、暴躁易怒的個性，會使自己的眼角和眉梢爬滿皺紋，使自己距離美麗的標準越來越遠。

心理醫生認為，人們的任何內心活動都可以從臉上找到痕跡，因為人們的臉部神經十分敏感。即使你刻意隱藏，你的臉部反應還是會暴露情緒的波動，焦慮緊張或是空虛煩躁。在我們的臉上，再細微的皺紋也可以成為發怒的證據，它們不只是歲月刻下的痕跡。

輕鬆舒適的生活狀態，是每個男人都需要的和諧生活，這種生活也是人們苦苦追尋的。那些暴躁易怒的人，不可能擁有和諧寧靜的家庭環境。他們的脾氣就像火藥筒一樣容易點著，使得其他人隨時處於精神高度緊張的狀態，做任何事情都戰戰兢兢而如履薄冰，沒有人會願意跟這種人一起生活。

阿特彌斯・伍德非常欣賞喬治・華盛頓，並且盛讚他是全世界最優秀的人。他曾經說：「華盛頓從來不會被情緒困擾，他永遠都是鎮定自若，待人以誠。**很多偉大的人物都不可避免地走向失敗的結局，原因就是被自己的情緒所困。重壓之下，很多人都會焦躁不安，情緒失控。在這種情況下，怎麼可能獲得成功？**危急時刻，這種人在逃生的時候看到一匹馬，往往都會立刻上馬逃生，完全沒有發現有一隻蜜蜂正在螫這匹馬。遲早馬會忍不住痛，行動失控，將馬背上的人摔落在地。」

「面對追捧，這種人往往會得意忘形，可是他們忘記了，水能載舟，亦能覆舟。等到他們失勢的時候，當初追捧他們的人就會見風轉舵，一轉身就將他們踩在腳下。但是這種情況絕對不會出現在華盛頓身上，像他這樣理智清醒的人，無論順境逆境，都可以用平常心從容處之。」

# 透過各種方式來增長學識

所有人都應該在每天工作之餘堅持學習，長此以往，日積月累，所擁有的知識會對自己的成功大有裨益。不管你現在的生活多麼窘迫，工作多麼卑微，都不能成為你自暴自棄的藉口。

**許多成就顯著的商人的職業生涯，都是從學徒或職員開始。他們在日常工作和生活中，無時無刻不在為日後的成功進行知識儲備，此舉使得他們一天比一天接近成功。**

這些人永遠都在勤奮工作，不管薪水是高是低，都不會影響他們對工作的熱忱。結束一天的工作以後，他們也不會閒著，會找各種各樣的機會繼續學習，例如：到培訓機構參加技能培訓，透過閱讀進行自學。長年累月的堅持與付出，使得他們擁有足夠的成功資本，最終功成名就。掌握的知識越多，能力就會越強。知識淵博之人往往多才多藝，每天都過著充實快樂的生活。

**我們要增加自己的知識，就要不斷地向周圍的人學習。「三人行，必有我師焉。」不管對方是什麼身分，都會掌握一些我們需要但是不具備的知識。**一個人可以成功，與他的教育程度沒有必然的聯繫，成功更多的是依靠自學。只要我們有進取心，對成功有強烈的渴望，就可以透過自學獲得成功。想要提升自己的社會經驗，不妨向那些社會經驗豐富的人請教。他們受的教育或許不多，但是不妨礙他們對社會經驗的把握。

我們要向印刷工人請教印刷技術，向農民請教播種收割的方法，向泥瓦匠請教修建房屋的技巧。只有將獲取知識的途徑拓展到各行各業，才可以讓自己真正成為博學之人。這種人會在別人掌握的知識中，選擇自己需要的部分，並且將其融會貫通，變成自己學識體系的一部分。透過與不同行業的人交往，不僅可以學習不同方面的新知識，而且可以拓展自己的興趣，開闊自己的胸懷，讓自己變成真正的強者。這樣一來，日後不管遇到什麼情況，都可以從容處之。

在現代社會中，人們有一種共識：只有受過高等教育的人，才可以有所成就。那些因為經濟原因無法接受高等教育的人，就會堅信自己這一生不管怎樣努力都不可能取得任何成就。這是一種非常錯誤的觀點，**一個人如果有強烈的進取心，堅持不懈地奮鬥到底，不管他是否受過高等教育，都可以成就偉大的事業。**所有未曾受過高等教育的人，都應該嘗試自學成才。在現實生活中，很多人的文憑就是依靠自學而獲得，其中有些出類拔萃者更成為博學多聞的教授。許多偉人也沒有受過高等教育，連中學都沒有讀過的偉人也不在少數，他們的成就又有誰可以否認？所以，接受高等教育並非成功的必要條件。

**沒有接受高等教育的機會固然可悲，但更可悲的是沒有受教育的機會又不願意自學。**有一個歷史學家，所有跟他打過交道的人都認為他的教育程度一定很高，因為他的學識非常淵博。但事實卻是：他所有的知識都是透過自學在書中得來，他的教育程度連小學生都不如。

他從小就對歷史和名人傳記很有興趣，閱讀大量的相關書籍。成年以後，他開始寫作。因為教育程度有限，他對文法不夠精通，但是不妨礙他創造自己獨特的寫作風格，這就是他長期堅持閱讀帶來的結果。事實證明，人們透過自學，同樣可以取得成功。尤其是現在有許多指導人們自學的書籍，給很多教育程度不高的人帶來福音，增加他們成功的可能性。

想要增加自己的知識，在工作之餘去參加函授培訓，也是一個很好的選擇。許多很早離開學校進入社會的人，正是在函授培訓的過程中完成自己的知識儲備，最終獲得事業的成功。

**在社會上還存在一個誤解：人們最好的學習時間就是在年輕的時候，當這段時間過去以後，再怎麼學習都是徒勞無功。這是一種完全錯誤的認識，學習是人類的終生事業，只要人們還活在這個世界上，就要不斷地學習。只要人們可以妥善利用自己的閒暇時間，不放過任何學習的機會，就可以最大限度地累積知識。**

只要你願意去爭取，不管在什麼年齡階段，都有機會繼續接受教育。中年人的頭腦更理智清醒，明白時間可貴，所以他們比年輕人更擅長學習，不會浪費一分一秒的學習時間。很多人在青年時代貪圖玩樂，一事無成，到中年以後才幡然悔悟，奮起直追，終於取得一些成功，使自己一生無憾。

只要你願意，隨時隨地都可以接受教育。因為整個社會就像一所學校，所有待在裡面的人都會有所收益。想要增加自己的知識，讓生活被幸福與滿足充斥，就要養成熱愛學習的習慣，堅持讀書，每天進步一些，時間長了，才會有所進步。不斷累積知識，只要有時間就對這些知識進行反芻，如此反覆，才可以真正將其吸收，納為己用。所有想要成功的人，只要縱身投入知識的海洋，不錯過分分秒秒吸收知識的時機，終有一日會贏得輝煌的成功。

很多人抱怨自己沒有時間讀書，這是一個荒謬透頂的謊言。只要可以合理安排自己的工作，就會找到很多閒置時間，不管多麼忙碌的人都會有時間讀書。**節省時間最好的方法，就是對自己的工作做出最合理有效的安排。**許多家庭主婦說自己忙得沒有時間看報紙，但是事實上，如果她們可以對家事做出合理的安排，讓一切井然有序地運行，就會有很多屬於自己的時間。

不管一個人有多麼忙碌，總是可以找到閒暇時間。**對知識與進步的強烈渴求，會驅使人們利用閒暇時間，透過讀書等學習方式充實自己。**時間總是可以擠出來的，只要你的意願非常強烈，就可以想出節省時間的方法。

我有一個朋友，年輕有為，現在是哈佛大學的教授。提起他，所有人都讚不絕口。無論是品格還是學識，都讓人挑不出任何瑕疵。他的天分不見得比別人高，可以有今天的成就，完全是長年累月堅持學習的結果。他經常會因為工作的關係出差，可是不管到哪裡，他都會帶著幾本書。在火車和飛機等交通工具上，只要有時間，他就會拿出書來讀上幾頁。他可以在同齡人之中脫穎而出，贏得德才兼備的美譽，正是源自這種持之以恆的堅持與累積。

千萬不要忽視生活中那些零散的閒暇時間，這個年輕教授的成功資本正是利用這些看似不起眼的閒暇時間而累積起來。可惜大多數人沒有他這樣的智慧，白白浪費寶貴的時間不說，還在這段期間染上許多惡習。

**未來的成功者，會充分利用日常的閒暇時間，堅持學習，不斷進取。想要對一個年輕人的前途進行預測，不妨看看他在閒暇時間做什麼。**

很多人有一種錯誤的觀念：他們不願意存錢，是因為薪水太少，不管怎樣省吃儉用都無法存錢；他們不願意讀書，是因為閒暇時間太少，不管怎樣利用都無法學到很多知識。在這兩種想法的支配下，他們一不存錢，二不讀書，最終一事無成，一無所有。所有人都應該摒棄這兩種錯誤的觀念。我們一定要相信，點點滴滴的累積，會為我們帶來意想不到的成果，正所謂「不積跬步，無以致千里；不積小流，無以成江海」。

**在現代社會，人們越來越重視知識的力量。在激烈的社會競爭中，人們如果無法及時更新自己的知識，就會面臨被淘汰的危險。**

許多人都妄想不費吹灰之力，立刻取得成功，可是這種妄想永遠無法成為現實。欲速則不達，所有成功都需要經歷漫長的累積過程。想要最終將成功握在手中，就要堅持不懈地付出努力，在點點滴滴的累積過程中，獲得充足的成功資本。

**知識是人們走向成功的領路人，世界上沒有比知識更寶貴的東西。**然而，令人遺憾的是，如今有很多年輕人懶惰成性，荒廢美好的青春年華，卻斷然不願意學習，進而汲取成長所需要的知識養分。

在貧窮落後的古代社會，根本沒有條件建設很多圖書館。然而，人類社會發展到今天，每個人都應該在家裡準備許多書，這是維持所有家庭成員身心健康的一大保障。如此一來，整個社會也可以更和諧有序地運行。想要給孩子們創造更多讀書的機會，就要在家裡擺放很多書，讓他們可以在不知不覺中養成熱愛讀書的習慣。這樣一來，比起同齡人，他們將會有更多更全面的知識。

當然，不是所有的書都會對人們的成長有幫助。在讀書的過程中，一定要選擇有利於自身健康成長的書。

真正有智慧的人，在很小的時候就知道怎樣去選擇適合自己的書。他們到處尋找自己感興趣的書，找到以後就手不釋卷。愛讀書，讀好書，對他們日後的發展大有好處。

**身為耶魯大學的校長，哈德利曾經在演講中說：「政壇與商界的很多領導者都跟我說過，那些受教育程度高，專業知識儲備豐富，同時又擅長選擇性閱讀，對知識可以活學活用的人，才是他們迫切需要的人才。」**試問，如果一個人家裡沒有很多書，如何有能力在汪洋書海中找到自己真正需要的書，進行有效的選擇性閱讀？

**哈佛大學的前任校長艾略特說：「每個人都應該培養愛讀書和讀好書的習慣。這種習**

慣會帶來什麼好處，也許你現在還看不出來。但是等到二十年以後，你就會為自己從書中得到的巨大收穫而驚嘆。」

# 突破思維定勢

在很多年之前，南塔克特島除了有幾條非常難走的小路以外，沒有一條寬闊平坦的道路。讓人感到意外的是，在很多地方都貼著這樣的告示：「試著去探索一條新的道路吧！」很多人不理解這句話是什麼意思，**有一個作家解釋：「這句話的意思非常簡單，它是想告訴人們，不要走別人走過的道路，要努力去探索一條別人沒有走過的道路。如果真的可以這樣做，就可以獲得意想不到的收穫，同時還可以為後人提供方便。」**

如果一個人的思維形成一種定勢，他就會非常被動，思想無法得到更新。時間一長，他的生活和工作都會受到影響，他也會像其他人一樣平凡。大腦需要不斷地得到鍛鍊，一個人如果停止思考活動，很快就會變得麻木而愚鈍，工作很難取得進步，自己也會不思進取，如此一來，再也無法進步。想要不斷進步，就要不停地超越自我。與此同時，還要對自己的行為進行反思，對成功的經驗進行總結，發現自己的缺點並且加以改正，就會越來越聰明。

面對一個工作的時候，假如我們的才能在其中難以發揮，就要進行逆向思維，從對立角度思考解決方法。**想要培養科學的思維方式，最大可能地成就一番事業，就要不斷改正自己的缺點，讓腦細胞得到全面均衡的發展。**

思維習慣好的人將會度過一個愉快的人生，因為他們總是滿懷憧憬地對待生活，對生活充滿抱怨的人無法感受到生活的美好。如果你覺得自己是世界上最悲慘的人，只是因為你看待世界的心態有問題，導致所有事物在你眼中都扭曲變形。我們對工作全心投入的時候，就沒有精力再去糾結和抱怨。你的人生邁上更高的台階以後，將會獲得更開闊的事業。我們應該積極樂觀地投入到奮鬥中，努力實現自己的理想。

很多擁有錯誤思維習慣的人，幾乎看不到生活的美好之處，以及人性中善良的一面。所有事物在他們眼中都已經扭曲，他們總是喜歡在雞蛋裡挑骨頭，凡事都是一副冷嘲熱諷的態度。這些人只會感覺到怨恨、恐懼、憤怒、憂慮，再也沒有其他的感受。他們的內心充滿邪惡和粗陋的念頭，他們用厚實的城牆將自己與外界的所有事物隔絕，過著異於常人的生活。這堵高大的城牆使他們距離外面的世界越來越遠，過著陰暗又枯燥的生活，無法感受到燦爛的陽光、清新的風、馥郁的花香。

史古基是狄更斯的小說《小氣財神》中的人物。他晚年的時候，變得視財如命，他貯藏的一堆金子成為他生活的全部，可是他最終卻變成一個和善大方的人。這種情況在現實生活中也有可能發生，只是一般人因為有思維定勢，所以想不到這種情況也會發生。

我們的生活理念決定我們的性格，我們的性格又決定我們的命運。一個人的生活理念，很大程度上決定他的生活方式。我們都在根據自己的生活理念，選擇我們的生活方式和人生走向。沒有追求的人，其生活品味不可能高雅。那些有遠大理想的人，即使過著普通人的生活，也有明確的生活方向，在這個前提下去努力改善生活，他們的生活也會變得五彩繽紛。

《閒話集》裡提到：**人生在世，不是為了單純的物質享受，而是要活得有價值有意義，對社會和人們做出應該有的貢獻**。一個對社會毫無貢獻的人，與死人有什麼區別？有些人在二十歲才領悟這個道理，有些人更遲，在三十歲才開始有所領悟。那些在步入老年的時候才對此有所認識的人，則悔之晚矣。最糟糕的是，有些人因為受到思維定勢的束縛，一輩子都沒有意識到這一點，當他們活著的時候，就已經死了。

埃米爾・左拉的小說中，有一個情節：兩個女工在巴黎的一家洗衣店工作。有一天，她們在工作之餘閒聊起來，討論要是有一萬法郎應該怎麼花。最終，她們得出這樣的結論：有一萬法郎以後，就可以立刻停止工作。

生命是美好的，同時也是短暫的，我們怎麼可以讓思維定勢影響到生活品質？讓生活變得多姿多彩吧！不管你是做什麼的，只要可以吃苦耐勞，奮鬥不止，成功就會降臨到你身上。**但是有一點要特別注意：必須不斷地往自己的大腦裡裝東西，才可以跟得上時代發展的腳步。否則，固有的陳舊腐朽思想就會充斥在我們的頭腦中，限制我們的發展。**

# 貧窮不能阻止人們成功

一位英國作家曾經這樣感慨美國歷史：「許多美國歷史上赫赫有名的大人物，都出生在貧窮的黑屋子裡。」如果你對此質疑，不妨看看下列名單：林肯、格蘭特、洛克菲勒、畢奇爾、愛迪生……**這些名人都在貧窮的鄉下出生，他們可以成就偉大的事業，完全依靠自身的勤奮與努力**。

政治家韋伯斯特在美國西部旅行的時候，與當地一個農場主人閒聊。農場主人不斷地誇讚本地豐盛的物產，並且問韋伯斯特：「你們新英格蘭什麼物產最豐盛？」韋伯斯特不卑不亢地回答：「我們沒有豐盛的物產，只是盛產人才！」縱觀美國歷史，大多數總統都出生在鄉下。當然，也不排除例外，老羅斯福就是一個例外。他自幼生長在城市裡，憑藉傲人的天賦與能力，獲得舉世矚目的成就。

本地最成功的人往往來自偏遠地區，很多城市普遍存在這種怪異的現象。反觀土生土長的本地人，卻多數一無所成。蓋文特說：「堂堂一個紐約，走出的成功人士竟然屈指可數，真是匪夷所思！」現在生活在紐約的所有成功人士之中，自幼生長在貧窮鄉下的佔據九成。除了紐約，類似現象也出現在巴黎、柏林、倫敦……這告訴我們，在城市長大的孩子，其才能不比在鄉下長大的孩子更強。

對此，一位作家曾經進行一個調查。他隨機抽取四十位成功人士，作為自己的研究對象展開調查，最終得出這樣的結論：四十人之中，來自鄉下的有二十二人，其餘有十人來自小鎮，在城市長大的只有八人。這樣的結論讓很多人感到驚訝，然而更讓人驚訝的是：來自鄉下的二十二位成功人士中，接受過正統教育的只有三人。**這項調查還顯示，拋開出身的差異，四十位成功人士有一個共同點：他們都是在十六歲左右開始在城市中獨立生存。**

人才不斷由鄉下湧向城市，為城市的發展和進步提供新的動力。我們的城市有現在這樣欣欣向榮的繁榮景象，離不開這些才華出眾的鄉下居民的努力奉獻。

對孩子們而言，生活在鄉下比生活在城市更好。城市的孩子們早晨一開窗，映入眼簾的就是灰濛濛的天空，呼吸到的是骯髒汙濁的空氣。鄉下的孩子們每天都可以看到蔚藍的天空，呼吸純淨的空氣。他們在一望無際的原野上，自由自在地鍛鍊身體和放飛心靈。他們親自動手，學習修理農具和玩具，在這個過程中，學到很多書上無法學到的知識。鄉下可以為成功者提供很好的成長環境，這一點毋庸置疑。

**在鄉下長大的孩子們，是非常幸運的。田間的勞動賜予他們勤勞的雙手和強健的體魄，更培養他們敏銳的思維和迅捷的反應。**他們與大自然親密接觸的時間長，人格也逐漸與大自然趨同，變得越來越質樸，越來越美好。生長在城市中的孩子們，永遠無法培養這種自然純樸的品格。與城市到處充滿枯燥的人造建築物不同，鄉下除了人造建築物以外，更多的是自然景物。孩子們可以從無邊無際的原野、飄逸瀟灑的雲彩、變化無端的景致中，領略到許多深刻的人生哲理。高大起伏的山脈，險峻巍峨的峭壁，肆意流淌的河流，都在訴說發人深省的話語，叮囑孩子們要像它們一樣寬厚、溫和、博大、堅定、灑脫，讓孩子們逐漸培養純潔高尚的品格。此外，鄉下無處不在的動物們也在向孩子們默默傳授道理。烏鴉反哺和母牛舐犢等現象終日發生在孩子們眼前，藉由活生生的例子向他們展現偉大的愛之力量。

自幼生活在鄉下的孩子們，從來不缺少動手實踐的機會。自然界的各種現象對他們而言，早就司空見慣。透過人們的努力付出，花朵在貧瘠的田地上破土而出，莊稼在荒蕪的田野上得到收穫，木材自崇山峻嶺間被源源不斷地開採出來。這些由人類親手創造的奇蹟，讓孩子們從小就明白自己動手豐衣足食的道理。他們清楚地觀察到花朵盛開的過程、果實成熟的過程、動物繁衍的過程、植物生長的過程，以及人們對它們的利用過程。孩子們明白，所有這些成果，都是人們在大自然慷慨施予的前提下，透過勤奮工作而得來。在瞭解這個道理以後，孩子們就會隨時心懷感恩，勤奮而踏實地用雙手與智慧創造屬於自己的未來。

當然，鄉下也並非十全十美。提到鄉下，很多人都會聯想到「貧窮」。一些鄉下的孩子渴望到城市生活，他們憎惡鄉下，覺得在那裡無法發揮自己的才能。他們熱切盼望接近夢想中的城市，因為城市可以提供給他們更多獲得成功的機會。那裡有條件優良的學校、汗牛充棟的圖書館、實力雄厚的企業、設施齊全的實驗室，無論是學習還是工作，城市都是更好的選擇。在這些孩子眼中，城市遍地都是機會，只要身在城市，成功就會唾手可得，鄉下帶給他們的只有無盡的絕望。

其實，這種想法存在很大的偏差。事實上，很多鄉下的孩子後來取得驚人的成就，正是因為受到城鄉之間經濟條件巨大差異的刺激。**生活在鄉下的孩子們必須要相信，自己正在承受的貧窮生活，實際上是在為日後的成功累積資本。**這個方面的缺失，一定會在那個方面得到補償，上帝對每個人都是公平的。**自幼經濟上的匱乏，日後會得到健康和智慧作**

**為補償。歷史上許多偉人之所以成就顯赫，正是自幼在鄉下長大的經歷所造成。**鄉下的孩子們應該相信，自己是天之驕子，終有所成。目前的所有困難，都是上帝對自己的考驗。充分利用自己的信念與智慧，將這些困難一一克服，到那個時候，自己就可以毫無阻礙地走向成功。

世界上成功的機會五花八門，成千上萬。只要自己有充足的能力，就可以找到發揮這種能力的工作。從現在開始，我們應該將所有精力集中於對自己能力的培養上，才可以在機會到來之際，抓緊時機而功成名就。

**那些生活在鄉下的聰明孩子，一般不會在做好準備之前，就跑去城市謀生。他們首先要做的是不斷提升自己的能力。**以林肯為例，他在鄉下生活的日子裡，無時無刻不在為日後做準備。對於自己可以取得的每本書，他都會認真閱讀。長久的累積，終於使他獲得處理各種複雜情況的勇氣與能力。

主教博特曾經被問過一個問題：「年輕人在城市中，會得到更多的成功機會嗎？」博特認真地思考，然後回答：「報紙上經常刊登這樣的廣告，宣稱在城市中取得成功如探囊取物。很多年輕人因此捨棄鄉下的一切，湧入城市謀求發展。**其實就算在城市中，如果沒有足夠的才能與機會，也不會獲得成功。**這些年輕人不瞭解，不是所有人都可以成為成功者，城市中的大多數人都很平凡，只有極少數人取得成功。尤其是那些剛來城市裡的年輕人，他們的機會比起其他人更是少得可憐，成功在現階段對他們而言幾乎難於登天。他們之中的有些人，甚至淪落到沿街乞討的淒慘境地。」

「這些年輕人之所以會這樣，原因就在於沒有自知之明，不瞭解自己在複雜狀況下根本就束手無策。」主教繼續說：「在殘酷的競爭中，一定會有很多人被淘汰出局。巨大的生存壓力讓一些人不堪忍受，選擇走上犯罪的道路或是自甘墮落以乞討為生。他們滿懷希望地來到城市，不料犧牲自己的一切，換來的卻是這樣的結局，與他們當日的憧憬天差地別，最讓人失望的莫過於此！」

「**城市裡確實隨時隨地都潛藏機會，但風險總是與機會並存。可以充分發掘並且利用這些機會的人，不會是那些才智平庸而有勇無謀的人。再好的機會都要遇到才能與意志並存的人，才可以得到充分利用。**城市從來不缺少失敗者，這些人苦苦掙扎到最後，依舊一無所有。在進入一個城市之後，就很難全身而退。許多在城市中慘敗的年輕人，甚至付出生命的代價。就算是那些最終取得成功的人，他們在追求成功的道路上也付出慘重的代價。日復一日，年復一年的枯燥工作，吞噬他們原本旺盛的精力，直到將他們完全榨乾。城市就像吃人不吐骨頭的惡魔一樣，埋葬許多由鄉下來到這裡的年輕人。」

「鄉下的年輕人在剛到城市的時候，一定要萬分小心。最初的適應階段危機重重，稍有不慎，就會在繁華的城市中迷失自我，走上不歸路。他們已經習慣鄉下緩慢的節奏，在做任何決定之前，都有充分的思考時間。城市正好與之相反，為了適應城市生活的快節奏，他們一定要反應迅速，面對任何突發事件都可以當機立斷做出決定。五光十色的誘惑在城市中隨處可見，如果身陷其中，就很難再脫身。年輕人應該堅定意念，潔身自愛，主動遠離這些誘惑，否則很可能會走向失敗。如果剛開始進入城市的時候沒有把握方向，終日渾渾噩噩，醉生夢死，就會讓許多機會從身邊白白溜走，虛度美好的青春年華。」

派科斯特是一位傑出的牧師，同時又是一位改革家。在談及年輕人事業發展的時候，他說：「**在當今社會中，城市的發展前景沒有鄉下那麼樂觀。年輕人在鄉下創業，成功的可能性會更大**。如今，在城市中有許多企業和公司，競爭異常殘酷激烈，城市的環境因此變得汙濁不堪，每天都在上演許多罪惡與悲劇。我們的城市越來越令人失望，人們來到這裡只是為了賺錢。城市中的人們，除了錢以外，其他方面相當貧乏。」

**城市並非人們實現理想的聖地，只要願意努力，在任何地方都可以取得成功。自幼生活在鄉下的年輕人不必妄自菲薄，在鄉下這片沃土上，也可以成就一番偉大的事業。**

# 一第六章一

# 活出價值，依靠的是綜合能力和誠信

一個人實現自己的價值，不僅需要能力，還需要誠信，因為誠信是做人之本。誠信之人做事不會遮遮掩掩，而是會積極地糾正自己的錯誤。周圍的人毫無保留地信任他，也可以原諒他的缺點和錯誤。

他們可以成為出色的人，正是憑藉這種行事光明磊落和待人真誠坦率的優秀品格。同樣的，那些信譽良好的公司，只是商標就可以價值幾千美元。無論個人還是企業，誠信都是最好的廣告，是看不見的財富。

# 誠信帶來好運和商機

**米拉波伯爵說：「想要獲得財富，誠實是不可或缺的。因此，每個人都必須努力培養誠實的高尚品格。」**

幾個印第安人在一家剛開張的商店門前逗留很久，卻沒有買任何東西。幾天後，印第安酋長來到這家商店，對店主說：「約翰，你這裡有什麼好貨色嗎？拿過來讓我瞧瞧！哦，這條毯子不錯，我要買一條！嗯，這塊花布也可以買來送給我老婆！三張貂皮可以換一條毯子，要是我再多買一塊花布，那就需要四張貂皮！」

翌日，酋長帶著一包貂皮又來到店裡。「約翰，我把錢帶來了！」他一邊說著，一邊取出四張貂皮，接著第五張貂皮也出現在約翰眼前。與前面四張貂皮不同，這張貂皮一眼看上去就不是尋常貨色，酋長把它和其他四張貂皮一起放在櫃檯上。

沒想到，約翰卻將其推回去，並且說：「這張貂皮請您收回，您要的貨物只要支付四張貂皮就夠了！」但是酋長不同意他的說法。購買這些貨物到底需要支付四張貂皮還是五張貂皮？兩人為之爭論不休。在這個過程中，酋長對這個誠實可靠的店主好感倍增。終於，酋長被說服，他收好第五張貂皮，又看了約翰一眼，隨即走到這家店的門前。

「約翰非常誠實可靠，絕對不會欺騙顧客！大家以後可以放心來他的店裡買東西！」酋長對他的族人這樣宣告。酋長發表這個結論以後，又回到店裡，對約翰說：「要是剛才你沒有堅持到底，收下第五張貂皮，我就會告訴全部族人，千萬不要來你店裡。不僅如此，我還要把你的所作所為公告天下，讓所有人都不再來你店裡。可是你最終用行動證明自己誠實的品格，今後你這家店必定會顧客盈門！」

酋長所言果然沒錯，約翰的商店從此生意興隆，財源廣進。

史密特是一個荷蘭的生意人，有一次，他講述一個自己親身經歷的故事：

我開了一家賣針線的商店，經營得雖然還不錯，但是存不到什麼錢，無法進一步擴大生意。有一天，我聽說有人想要低價轉讓一批貨物，就主動去跟那個人談判，希望可以買下這些貨物。可惜，最終因為我出價太低，這筆生意沒有談成。那個人臨走的時候跟我說，如果我的商店發展得很好，以後一定會有合作的機會。

沒想到，他說的機會竟然那麼快就來了。幾天後，他又來找我，並且說：「我想要把手上的貨物賣給你，史密特先生，不知道你還有沒有興趣？」我雖然很願意接下這筆生意，無奈當時的資金不夠。我對他說：「我會出三千美元來購買你的貨物，我這樣說你相信嗎？」「當然不相信！你哪來這麼多錢？」他說。

聽到他的答案，我知道自己沒有必要再隱瞞什麼，於是坦誠地說出自己現在只有一千美元的事實。說出這樣的實情並未讓我感覺難為情，我反而覺得自己這樣做，勝過編造謊言欺騙他。

美國總統華盛頓一直是我的偶像，他還是一個孩子的時候，因為想試試自己的斧頭是否鋒利而砍壞一棵櫻桃樹，那是他父親最喜歡的一棵樹。為此，他的父親勃然大怒。在這樣的情況下，年幼的華盛頓不僅沒有逃避責任，反而誠懇地對父親說出實情。**因此我一直堅信，一個人在任何時候都不能忘記誠實。**

事實上，那個人也是看中我的誠實，最終答應與我合作。貨物的總價是三千美元，但是由於當時我缺少資金，沒有辦法一次付清。那個人允許我先支付一千美元，剩下的以後再還給他。他說像我這樣坦誠的人，不會欠債不還。經歷這件事情以後，我更堅定誠實做人的信念。

美國緬因州有一個農場主人，將自己農場裡產出的蘋果全部封存到桶子裡，運到市場上出賣。所有的蘋果品質都很好，在運輸過程中也沒有出現任何損傷，但是農場主人仍然堅持在每個裝蘋果的桶子上寫下自己的姓名和聯絡方式，並且留下一句話：「要是你購買的蘋果發生問題，歡迎隨時寫信通知我！」很快的，就有一封信從英國寄到農場，信的大致內容是對方很滿意他的蘋果，並且期待可以與他繼續維持這種買賣關係！

愛美斯州長曾經說：「在研究鐵鍬上花費的二十年，是我生活得最快樂的一段時光。在那段日子裡，不管我去到何處，總是有人可以認出我，因為我的名字就是誠信的代名詞。那段時間，『愛美斯』牌鐵鍬的價格都沒有變過。在西部，這個牌子的鐵鍬甚至用來代替貨幣在市場上流通。代理商對我們來說完全就是多餘的，因為我們的鐵鍬不需要他們的幫助也可以在全世界廣泛銷售。我們根本不必做任何廣告，就可以使想要訂貨的人源源不絕地跑來跟我們合作。當然，這一切都是以『愛美斯』牌鐵鍬的高品質為基礎。只有高品質的產品，才可以贏得顧客『二十年如一日』的支持！」

一個在北非穿行千里的旅客說：「無論在哪個民族的居住地，只要提起『愛美斯』牌鐵鍬，沒有一個人會說不知道。」「愛美斯」三個字就是高品質的代名詞。在世界各地，遠到非洲的好望角和大洋洲的澳洲，產自麻薩諸塞州的「愛美斯」牌鐵鍬，都享有極高的美譽。

「喬治・華盛頓製—弗農山」，看似簡單的幾個字，卻成為西印度群島許多港口的免檢證明。由於「喬治・華盛頓製—弗農山」的麵粉品質絕對有保障，所以任何檢查對其而言都是多餘的。

作為羅斯柴爾德銀行集團的創始人——邁爾・阿姆謝爾的名字，可謂無人不知無人不曉。十八世紀末期，他居住在法蘭克福的猶太街上。在那段時期，他的同族猶太人的地位十分卑微，經常遭到欺壓。當時，甚至有一個殘酷的規定：猶太人如果回家晚於一定的時間，將會被判處極刑。人們連生命都無法得到保障的時候，更何談人格與尊嚴？但是阿姆謝爾沒有自暴自棄，他下定決心要改變現狀，為自己也為族人闖出一番天地。他創辦一家公司，公司的名字就叫做羅斯柴爾德，在德語中是「紅盾」的意思。與此同時，「紅盾」也成為公司的標識。這家在當時名不見經傳的公司，後來憑藉他的誠實守信而發展壯大，成為歐洲大陸的超級銀行集團。

拿破崙帶兵攻來的時候，威廉一世倉皇逃跑，他在臨走之前交給阿姆謝爾五百萬銀幣。當時，威廉一世認定這筆錢一定會被敵人據為己有，所以他沒有寄望日後還可以將錢拿回來。他沒有想到，阿姆謝爾竟然會冒著生命危險，幫自己把這筆錢藏在花園的地下。敵人撤退以後，阿姆謝爾立刻將這些銀幣拿出來放貸。威廉一世返回的時候，阿姆謝爾就將五百萬銀幣連本帶利歸還給他。

**在羅斯柴爾德集團的發展史上，從來找不到任何汙點。他們以自己的誠信與堅持，打造一個價值四億美元的品牌！**

可是在現實生活中，卻有越來越多的人逐漸喪失誠實的美德。

有一天，麻薩諸塞州的健康委員收到一封信，信中引用大量實例，證明人們現在的生活已經被劣質的商品充斥。信的原文如下：「麻薩諸塞州的女士們與先生們，有一件至關重要的事情要告知大家。儘管健康委員和牛奶檢察官都沒有調查到異常狀況，但是已經有確切消息證實波士頓及其附近區域產出的牛奶出現大量的品質問題。牛奶廠商為了牟取暴利，不惜以次充好，卻不承認。他們生產的牛奶是從麵包裡提取成分製造而成，任何藥品或儀器都無法檢測它與正常牛奶有什麼區別，一般的顧客更沒有辦法。」

信中交代假牛奶的製作所需要添加的各種成分的精確數量，按照這個方法，用奶油也可以製造以假亂真的牛奶。

有一個意味深長的故事：四隻饑腸轆轆的蒼蠅，第一隻蒼蠅找到一截香腸，忍不住大快朵頤，不料香腸中含有氨基苯成分，結果它因此命喪黃泉。第二隻蒼蠅吃下含有明礬的麵粉，白白丟掉性命。第三隻蒼蠅找到一杯牛奶，猛喝一頓之後，由於牛奶中含有過多的粉筆灰而被嗆死。最後一隻蒼蠅在同伴們相繼殞命之後，終於喪失求生的意志。它心想：反正免不了一死，乾脆自殺算了。這個時候，它看到一張濕淋淋的紙，上面寫著「蒼蠅藥」三個字，立刻直奔過去。它降落到紙上以後，嘗一口蒼蠅藥，感覺味道還可以，既然要死，不如做一個飽死鬼，就吃起蒼蠅藥。說來奇怪，它越吃越覺得精神倍增，吃飽喝足以後，竟然安然無恙。所謂的蒼蠅藥，原來也跟香腸和麵粉與牛奶一樣，是假的！

一個買賣茶葉的生意人曾經對喬治・安吉爾說，他從來不允許自己的家人飲用自己販賣的茶葉，因為這些茶葉都不是正宗的，品質完全沒有保障。

事實上，不僅是茶葉行業，其他行業的商人也是一樣。他們為了一己私利，將道德拋諸腦後。為了牟取暴利，他們讓自己的員工欺騙消費者，即使知道自己的貨物品質有問題，也是照常販賣。「現在市場競爭這麼激烈，既然別人都這麼做，我們沒有理由違背這個行業的潛規則！」那些沒有良心的商人理直氣壯地申辯。

處於這樣的環境中，接受這種老闆的領導，那些無權無勢的員工怎麼堅守原則而潔身自愛？事實上，很多定力不強的年輕人就在這種汙穢的社會環境中不知不覺被同化。

**誠實是成為人才的前提條件**。一個合格的醫生，一定要在詳細瞭解病人的病情之後，才可以開出相應的藥方。一個合格的政治家，一定要腳踏實地為民眾做事，而非終日沉溺於各種應酬，不分場合地炫耀自己的雄辯與口才。一個合格的律師，一定要將真相擺在最重要的位置，無論如何都不能因為錢財而扭曲事實。一個合格的牧師，一定要謙虛謹慎，耐心聽取不同的聲音，而非沉醉於虛偽的讚美。一個合格的生意人，一定要做到誠實守信和買賣公平，絕對不能為追求暴利而弄虛作假和欺騙顧客。

想要成為一個真正的男人，就要學會承擔責任，不管遇到什麼困難，都要勇敢地面對。在這個社會中，依靠投機取得的成功，永遠只是暫時的。**只有透過誠實做人和做事取得的成績，才是貨真價實而永恆的。**

令人感到欣慰的是，並非所有人都不誠實。

**美國著名作家畢奇爾曾經說：「誠實是做人的根本，同時也是做生意的準則。一個成功的生意人，絕對是一個誠實的人。想要獲得利益，就要付出相應價值的商品。如果只依靠弄虛作假和欺騙顧客來牟取暴利，這樣的生意人與強盜又有何異？」**

# 習慣的力量是巨大的

一位熱衷於研究歷史的作家曾經說一個故事：有一個白癡，住在塔樓不遠處。他非常喜歡聽塔樓的鐘聲，每天都會在鐘響的時候認真計數。很多年過去了，有一天鐘突然壞掉，可是他依然可以說出準確的時間。由此可見，習慣如果養成，其力量是多麼強大。

一個傳教士因為大話連篇而聲譽欠佳，被朋友們指出這個缺點的時候，他不在乎地說：「你們的好意，我心領了！其實，沒有人比我更清楚自己的缺點，也沒有人比我更可以感受到這個缺點帶來的害處。我曾經想要改正這個缺點，可是沒有辦法，實在是無法改正！」聽到他這麼說，朋友們也無計可施，只好作罷。

凱穆斯勳爵曾經說一個故事：一個離職的水手回到陸地上，在家裡建造一座假山。假山的形狀和大小與他曾經待過的船艙一模一樣，儘管別人覺得這座假山很怪異，但是水手非常喜歡，覺得正合自己心意。

富蘭克林到邊境巡查防禦工程的時候，由於當地環境艱苦，他晚上只能睡在地上。一段時間以後，他巡查完畢返回家中的時候，發現自己已經無法習慣睡在舒適的床上。

這類事件羅斯船長及其下屬也經歷過。在南極工作期間，雪地或岩石就是他們每天晚上的床鋪。久而久之，他們已經養成習慣，捕鯨船上安置的簡陋小床也讓他們覺得太舒服。兩個水手上岸去喝酒，之後要乘坐小船回來。他們在小船上划了很久，卻一直無法前進。他們指責對方沒有用力划船，之後兩人又開始奮力划動船槳，可惜依然無法前進。這一次，他們終於發現問題所在，原來小船的錨還沒有解開。**很多人做事的時候綁手綁腳，就像被錨綁縛的小船一樣，他們也被一種看不見的強大力量支配，這種力量就是習慣。**

詹姆士・佩吉特爵士說：「技術純熟的鋼琴家，每秒可以彈奏二十四個音節。他們的手指先彎曲，接著上抬，最後移動，在連續做完這三個動作之後，才可以彈奏一個音節。在做每個動作的時候，都是由大腦先傳出命令，透過神經組織傳達給手指，接著再傳回大腦。也就是說，鋼琴家的手指每秒要完成七十二個動作，每個動作都要重複上述傳導的反應步驟。聽起來似乎十分困難，但是鋼琴家不這麼認為，他們還可以一邊彈琴一邊閒聊。原因就是：彈奏這些音節對他們而言已經成為一種習慣，這種習慣的養成源自他們長年累月的練習。彈琴對他們而言，已經不需要大腦對自己的行為進行指導，只是一種自然的習慣性動作。這樣一來，他們就可以一心二用，例如：在彈琴的時候談天說地。」

**條件反射也是類似的道理。大腦的指導，幫助我們培養許多習慣性動作，也就是條件反射。我們在做這些動作的時候，完全是一種下意識，根本不需要思考，進而給大腦留下思考其他事情的時間和空間。**

一個老兵左手拿一塊牛排，右手提一籃雞蛋，走在街上，突然聽到一聲大喊：「立正！」他立刻遵從命令，原地立正，完全忘記手裡的牛排和雞蛋，將它們全部摔在地上。這就是條件反射的結果，沒有等到大腦傳出命令，他的身體已經做出這個習慣性的立正動作。

亨利・維克在製造全世界上第一支準時的手錶之後，將其送給當時的法國國王查理五世。查理五世高興地說：「這支手錶的時間很準，可惜標注時間的數字錯了。」維克覺得很奇怪：「怎麼會錯了？」查理五世說：「四寫錯了，應該是四個I才對！」維克聽了以後說：「陛下，是您記錯了，我標注的數字是正確的！」查理五世十分固執己見，他生氣地說：「帶著你的手錶回去，什麼時候改好，什麼時候再拿回來！」維克無奈，只好照做。現在我們的手錶仍然延續這個錯誤，以IIII來代表IV。因為這已經成為一種習慣，即使知道是錯誤的，人們也不願意去改正。

喬治・思托頓爵士去印度的監獄探望一個殺人犯的時候，發現他每天都被要求睡在一張布滿鐵荊棘的床上。荊棘不鋒利，不會將皮膚刺破出血，但是讓人感覺很不舒服。思托頓爵士到來的時候，這個犯人已經在這張床上睡了五年。他已經對此習以為常，每天都可以香甜入睡，反而是普通的床讓他無法適應。在刑期結束即將出獄的時候，他提出一個驚人的要求：希望監獄可以幫自己做一張一模一樣的荊棘床！折磨變成習慣的時候，竟然可以讓承受者甘之如飴，難以割捨！

聖保羅堅信習慣的強大力量，他曾經說：「我已經不信任法律，原本應該是正義化身的法律，現在卻在製造罪惡。在我看來，現在的法律完全悖逆上帝的原意，我因此而迷失方向。上帝啊，我應該怎麼辦？」他所說的「法律」是一種存在於古代的習俗：將殺人犯與被他殺害的人綁在一起，讓屍體散發出來的臭氣把殺人犯活活薰死。

畢奇爾說：「到入海口處攔住密西西比河的各條支流，並且分辨它們各自的源頭，有哪個人可以做到？這裡任何一顆沙粒，要判斷其屬於落磯山還是阿勒格尼山，又有哪個人可以做到？這些河流就像人類性格中的所有部分，已經融為一體，密不可分。」有什麼樣的付出，就有什麼樣的收穫。人們性格的養成，與自身的習慣息息相關。**人們的習慣和性格在二十五歲至三十歲之間基本成型，再難改變，除非發生重大變故。**舉例來說，最初上船的時候，水手難以忍受船艙的顛簸與狹窄，行動受限。他們需要一段適應的過程，才可以很好地維持平衡。回到平穩寬敞的陸地之後，有很長一段時間，他們的行為舉止依然會按照在船上的模式進行。

**我們都有這樣的體會：一件事情，第一次做的時候，會遇到很多困難；第二次做的時候，就會比第一次更容易；往後再多做幾次，會覺得越來越簡單，這就是習慣帶給我們的方便。**

習慣的力量是巨大的，壞習慣會使我們的生活更糟糕，好習慣會幫助我們更好地生活。所以，我們要養成良好的習慣。

# 不要因為貧困就忘記追求

格萊斯頓是英國著名的政治家，為人十分寬厚慈愛。有一次，法蘭西斯・克勞斯里在聖馬丁牧師那裡，聽到一個關於他的故事。

一個清潔工人生病了，聖馬丁牧師特地到郊區探望他。

牧師問：「你生病的這段時間，有誰來探望你嗎？」

清潔工人回答：「格萊斯頓先生曾經來看我。」

牧師很吃驚：「格萊斯頓先生怎麼會來看你？」當時，格萊斯頓擔任英國財務大臣，儘管他的家就在附近，但是牧師還是無法想像他會過來。牧師心想：以他的身分，怎麼可能做出這樣的舉動？簡直不可思議。

清潔工人說：「這件事情我也沒有預料到。之前，他每次經過我負責的那條路，都會主動跟我打招呼。前幾天，他經過那裡的時候，沒有看到我，就去詢問我的同事。在得知我生病的消息以後，他打聽到我的住址，過來探望我。」

「他來到這裡之後，發生什麼事情？」牧師又問。

「他虔誠地為我禱告，並且講述一些《聖經》的語句，讓我放寬心，好好休息。」清潔工人回答。

**像耶穌一樣，對每個人都以仁慈寬厚之心待之，就是格萊斯頓成就自己高尚人格的根本原因。**

在此，我還要講述查爾斯・寇里特頓的事蹟。寇里特頓自從女兒做修女之後，就開始一個嶄新的事業：她將上帝的庇佑帶給所有失去希望的人，將和平的福音帶給在戰爭中飽受折磨的人。為了保護那些流浪的女性，她出資創建一所慈善機構，讓孤苦無依的女性內心重新燃起希望之火。

古往今來，很多偉大的女性以自己輝煌的一生，在人類的英雄榜單上烙下自己的芳名。

在紐奧良的廣場上，矗立一座大理石雕塑，雕塑中的人物叫做瑪格麗特。

多年以前，紐奧良黃熱病肆虐。這場疫病奪走瑪格麗特雙親的生命，只留下她一個人艱難地生存。她年紀很輕的時候就結婚，但是很不幸，她的丈夫很快就去世，她又成為孤家寡人。瑪格麗特身體瘦弱，而且不識字，幾乎無法做任何工作。她在收容所找到一個工作，每天從早忙到晚，無微不至地照顧收容所的孤兒。後來，政府出資修建一個新的收容所，聘請專業人士來照顧那些孤兒，瑪格麗特隨即就失業。

為了生計，她開了一家商店，出售牛奶和麵包。因為她的心地很善良，她的名字在紐奧良幾乎無人不曉。人們紛紛慷慨解囊，幫她買一台烤麵包的爐子和一輛運送牛奶的貨車。儘管生活不寬裕，瑪格麗特還是縮衣節食，竭盡全力存錢幫助城市裡的孤兒們。她將這些孩子視如己出，數十年如一日地保護他們。在她去世之後，紐奧良特地為她打造一座美麗的雕像，永遠紀念這個高尚無私的母親。

有一個女士，儘管生活貧窮，卻對著名的心理學家戈德史密斯的學術研究和生平事蹟非常感興趣。她在給戈德史密斯的信中說，自己的丈夫現在毫無食欲，了無生趣，希望可以透過這封信得到一些幫助。很快的，她就收到答覆，戈德史密斯表示將會親自上門，免費為她的丈夫進行診斷。診斷結果證實，她的丈夫是因為生活窮困而生病。戈德史密斯向女士保證，將會為她的丈夫提供最好的治療。經歷這件事情以後，心理學家就為自己準備一些硬幣，並且在裝硬幣的盒子上寫一句話：「如果有需要，請盡情使用，快樂生活最重要！」

戰功卓絕的戈登將軍生平榮獲無數勳章，可是他只看重其中一枚。這枚勳章是一位外國王后送給他的，上面的題詞非常別致。後來，這枚勳章莫名其妙地失蹤。再次被人們發現的時候，已經是多年以後的事情。事情的真相出乎人們的預料，原來始作俑者正是勳章的所有者戈登將軍。他除去勳章上別致的題詞，以十英鎊的價格賣掉它，隨後匿名將這筆錢捐贈給慈善機構，用於救助受災的民眾。

斯特拉特夫子爵特地為克里米亞戰爭舉行一場宴會。席間，大家進行一個遊戲，每個人都在紙上寫一個人名，寫下誰的名字，就是認定誰會在此次戰爭中名聲大振。最終，所有人都將「佛羅倫斯・南丁格爾」作為唯一的答案。

曾經有人這樣形容南丁格爾：「南丁格爾好像從來不知疲倦為何物，不分晝夜地帶著她的隊伍到處奔波。哪裡最危險，哪裡就有她的身影。當時，從巴拉克戰場和印科曼戰場上抬回無數傷患，情況混亂至極。但是南丁格爾沒有絲毫膽怯，她將傷患們安置下來，將整個局勢掌控在手中。有時候，她每天要工作二十個小時甚至更多。只要有她在的地方，一切都井然有序。」

有一個醫生與她共事多年，在談到這個同事的時候，他說：「南丁格爾的專業程度非常高，反應極為靈敏。我從醫多年，從未看過有人可以超越她的速度和準確度。身為醫護人員，面對一些血腥的場面在所難免。在這個時候，更可以突顯南丁格爾的無私。她永遠堅守在傷患身邊，只要傷患還有一線生機，她就會堅持到底。」

一個士兵說：「在面對傷患的時候，南丁格爾永遠面帶微笑，不停地說鼓勵的話語。她是所有傷患的定心劑，只要她在附近，傷患們就可以安然入睡。」

另一個士兵說：「在南丁格爾出現以前，我們的世界糟糕得像地獄；在南丁格爾出現以後，我們的世界美好得像天堂。」

不同的故事，相似的人格。這些無私撒播仁愛的偉人，他們的事蹟與人格永遠存在人們心中。偉大的人格都是相通的，其共同之處就在於一種叫做「黏合劑」的因素，詳細說來，就是為了完成自己的使命，不惜一切代價。「這種『黏合劑』，將他們的善良、智慧、才華、仁愛、樂觀等優秀因素黏合在一起，最終構築其完整而偉大的人格。」安娜・詹姆士這樣解釋。

**無論人類發展到什麼階段，仁愛與正直都不會被淘汰**。此外，人們也需要建立正確而堅定的信仰。正確的信仰可以指導人們將潛能發揮得更好，隨時保持旺盛的精力和強大的信心，推動偉大人格的構築過程。

**李希特爾說：「仁愛寬厚對人類而言是最珍貴的。面對冷酷之人以溫柔應對，面對自**

私之人以寬厚應對，面對無情之人以溫情應對，面對厭世之人以興趣應對。上帝將會保佑所有仁愛寬厚之人。」

# 如何在社交活動中勝出？

在社交活動中，最受歡迎的是可以給大家帶來歡樂的人。在切斯特菲爾伯爵看來，這種可以帶給別人歡樂的能力，是一種最寶貴而稀有的財富。**成為一個受歡迎的人，是社交活動中最重要的事情。獲得歡迎的前提條件是我們的談吐必須風趣幽默，這樣才可以引起人們的注意。**否則，人們會像躲避洪水猛獸一樣對你敬而遠之，你的目的也很難達成。人們都喜歡性格活潑而樂觀的人，因為這些人可以給周圍的人帶來歡聲笑語。

想要在社交活動中勝出，首先要努力贏得別人的興趣。值得注意的是，這種興趣必須是發自內心的，切勿矯揉造作，這樣只會招致別人的反感。**與別人交流的時候，讓對方感覺到你對他和他提到的每件事情都非常感興趣，這是最好的可以使人們與自己交心的方式。**這個準則對所有人都適用，特別是剛進入社會的年輕人。

社交活動中的事情都是相對的，你拒絕別人的同時，別人也可以拒絕你。在這種場合，切忌只談論自己，回憶自己光榮的過去，因為這樣做只會使人們產生壓迫感，沒有任何愉悅感可言，人們會遠遠躲開。

追求陽光和歡樂，遠離陰霾和憂傷，是人類的天性。每個人都喜歡愉快而和氣的臉孔，總是滿臉憂鬱不可能受到人們的歡迎。

那些沒有趣味的人，會讓與他們相處的人感到痛苦，只是見面的互相問候就讓人無法忍受，與之交談的時候感覺更甚，因為人們完全不知道他們究竟想要表達什麼。

很多人把優雅的舉止看作是矯揉造作之舉，他們認為不加修飾的人性才是最美的人性，就像天然雕飾的鑽石才是最美的鑽石。在他們眼中，真誠的人應該是直截了當，追求真理的人必定會有所成就，即使他們的外表再粗俗，也不會對此產生影響。雖然他們的這種見解也有可取之處，但是他們忽略一點：**外表粗俗之人，即使如璞玉一般價值連城，但是未經雕飾的璞玉沒有人願意佩戴。因為再罕見的玉石在沒有經過雕飾之前無法顯現其價值，一般人的眼光不可能分辨它和普通玉石的區別，雕飾的精密程度也會對它的價值產生一定的影響。**

如果一個人高貴優雅的品格因為他外表的粗俗而不被人們發現，這是非常令人惋惜的，他們自身的價值也會因為外表的粗俗而降低。只有觀察敏銳的聰明人才可以發現他們內在的價值，其他人如果不留意，根本不會發現。就像璞玉，只有在經過精雕細琢以後，才可以得到人們的認同，外形粗糙的璞玉不容易被接受。**對於有才華的人，良好的修養和優雅的舉止會使他的價值增加千倍。**

第一印象往往如同烙印一般根深蒂固，難以改變，不管是好的還是壞的都是如此。在人際交往中，只用第一印象來判斷一個人的品格是非常片面的。我們對一個人有深入的瞭解以後，才可以全面客觀地對其做出評判。可是事實上，我們的大腦會在遇到初次見面的人快速運轉並且進行計算，這一點我們不知道。我們集中精力觀察對方並且快速地對其做出判斷的時候，身上所有的細胞都處在高度緊張的狀態。大腦會迅速地根據對方的言行舉止，經過緊張的計算得出結果。我們對人們的初步判斷就是這樣得出的，整個過程都在瞬間完成，但是對我們的影響很大，很難徹底忘記這種對人們的第一印象。

我們往往需要花費大量的時間與精力，用來彌補留給別人不好的第一印象。我們甚至因為留給對方惡劣的印象而必須寫信向對方道歉，但是結果卻收效甚微。之後的道歉和努力產生的影響，根本無法與強烈的第一印象相提並論。第一印象已經牢牢地扎根於腦海中，之後再如何努力改變也於事無補。**所以，事業剛起步的年輕人必須特別注意，一定要給初次見面的人留下良好的印象。如果給人們留下不好的印象，就會使自己的事業在起步**

**階段遇到障礙，更不要提長期發展。**

真正的男人必定會給人們留下良好的第一印象，因為他們的品格高尚而正直。這些明顯的性格特徵就像燈塔，引導人生之船順利地航行於浩瀚之海。得體的儀表和優雅的舉止可以反映你真實的涵養，也可以為你贏得人們的信任。

很多人不知道自己為什麼不受歡迎。在社交活動中，大家總是對他們敬而遠之，他們只能獨自坐在角落，看別人愉快地嬉戲和聊天。他們即使可以找到話題加入談話中，也很快會被再次排除在外，就像有外力將他們拉離這個談話圈子。他們似乎命中註定要過著向隅而泣的生活，無法邀請別人，也很少被別人邀請。他們毫無魅力可言，甚至就像冰柱一樣，讓人們無法得到任何溫暖。

有一個男士就是如此，他是一個很有才華而且工作認真的人。他渴望在工作之餘可以放鬆一下，但是事與願違，他在生活中總是不受歡迎，找不到任何樂趣。對此，他十分苦惱，因為許多能力不如他的人卻可以在社交活動中如魚得水。之所以會這樣，就是因為他的自私，遺憾的是，他沒有意識到這一點。他的心中只有自己，考慮問題也是站在自己的立場，除了自己以外的事情，從來不會關注別人的喜怒哀樂。他在談話的時候，總是將話題圍繞自己，這種行為很令人反感。

他在社交活動中失敗的另一個重要原因是：不會散發自己的魅力。**其實，人就像磁鐵，其磁性來自於我們的思想和動機。斤斤計較和投機取巧會使這塊磁鐵的磁性變得只針對自己，使得我們除了自己以外，誰也無法吸引。**現實生活中，有很多這種錯誤的例子：有些人只釋放可以吸引金錢的磁性，有些人只釋放可以吸引權勢的磁性，他們眼中只剩下金錢和權勢。這種磁性如果太強，會使人們腐敗墮落。

還有一些人正好與上述之人相反：他們心靈美好，性格完美，可以使每個與之相處的人自發地維持優雅從容的舉止。他們具有親和力，讓所有人愛戴和尊敬他們。因為他們心懷天下，對所有人充滿愛，所以也得到所有人的愛與尊敬。他們以廣闊的胸懷祝福所有人，如磁鐵般吸引人們圍繞在身邊。

我們在觀察人群的時候，下意識地就可以找出具備主流品格的人。**我們可以透過一個人的言行舉止，對他的品格和為人做出推斷。**他可能孤高自大、清高傲慢，也可能孤獨寂寞、超脫世俗；他可能慈祥仁愛、胸襟坦蕩，也可能甜美清純、活潑可愛。不同的人有不同的氣質，我們會根據自己的觀察，選擇值得交往的朋友。因此，養成優雅的舉止和讓人喜愛的品格，可以幫助我們交到更多的朋友。

嚴重以自我為中心的人毫無魅力，他們不受歡迎，總是遭到別人的厭惡與排斥，沒有人喜歡也沒有人願意接近。究竟成為什麼樣的人才可以有魅力？**對人們懷有仁愛之心的人，就是具有魅力的人。**這樣的人會受到異於常人的歡迎，每個人都想和他交談，並且對他興趣濃厚，總是像談論崇拜的英雄似的隨時談論他。只有先付出自己真心的愛，才可以獲得別人的愛與幫助，這個道理對每個人都適用。愛可以使我們消除隔閡，拋棄自私自利的念頭，使我們的生活平靜祥和。我們對別人的愛與尊重應該及時表達，努力做一個有趣味的人。真心熱愛別人的人必定會廣受歡迎，得到別人的熱愛。

**一個人的聲音是否優美動聽，也是決定他能否在社交活動中受到歡迎的關鍵因素。**

**「即使處於黑暗的房間中，我也可以根據周圍的人的聲音判斷他的品格，是溫文爾雅還是凶神惡煞。」湯瑪斯・希金森這樣說。**

每個人的聲音都可以做到具有感染力，只要經過適當的訓練和調整。聽聲音乾淨而有韻律感的人說話，就像聽一把神聖的樂器流淌的美妙音符，兩者都是一種極大的享受。

純潔和諧而生動的聲音，是上帝賜予我們的神奇禮物，可以表現我們良好的修養和高尚的品格，每個人都可以憑藉它來增添自身魅力。說話字正腔圓而停頓有序的人，品味必定不會差。我們如果可以合理運用語言的力量，往往會有意外的收穫，尤其是女士。

那些永遠把自己放在首位的人很讓人討厭，他們長期過著與世隔絕的生活，使得客觀和開放的生活成為遙不可及的夢想。他們可能也沒有發現，使他們喪失熱情活力的原因，正是這種長期與世隔絕的生活。他們冷酷無情，就像寒冷的冰柱一樣，經常使周圍的人感到不寒而慄。

我認識一個因為相貌普通而沒有自信的女孩，她自卑又敏感，對任何事情都感到沮喪，提不起興趣，甚至想要封閉自己的心靈，她的精神狀況接近崩潰邊緣。

幸運的是，她後來透過朋友的幫助走出困境。那個朋友只是灌輸她一個觀點：**優雅的舉止和高雅的情調比漂亮的外表更有價值，而且想要獲得也相對容易，所以相貌普通沒有關係，還可以追求優雅的舉止和高雅的情調。**

在這個朋友的幫助下，她拋開往日的自卑和敏感，變得樂觀和自信。面對生活，她積極樂觀，昂首挺胸，步態輕盈。她將自己關注的重點從漂亮的容貌轉移到優雅和得體的舉止上。她開始相信，自己身上也蘊藏有待開發的獨特閃光之處，自己是上帝的傑作。

現在的她，全心都是如何展現自己的優秀與美好，不再擔心因為長得普通而不受歡迎。她曾經說：「現在看來，我最初堅持鼓勵自己，防止自己再陷入痛苦中的做法是對的。」

想法的改變，讓她想盡辦法提升和完善自我。她大量閱讀經典著作和優美散文，收穫各類知識，探索到生命的泉源和完善自我的方法。

她以前認為自己打扮得再漂亮和舉止再優雅也沒有人欣賞，所以不重視穿著打扮。現在，她總是穿著得體大方，並且努力保持優雅舉止，因為她的想法已經與過去完全不同。

她透過自己的努力，由醜小鴨躍升為白天鵝。她開始在社交場合變得受歡迎，不再是被置於角落的旁觀者。她變得風趣幽默和善解人意，並且說話充滿魅力。她成為各種聚會的常客，甚至比那些漂亮女孩更受歡迎。這種轉變真是讓人難以置信，這個正在被人們羨慕的人，幾個月以前還在羨慕別人。她不僅在短時間內戰勝心魔，並且透過努力，成為自己生活圈中最優雅和最有魅力的女孩。

擁有過人的毅力與決心的人，才可以完成這種艱鉅的任務。她不僅克服消極自卑心理，並且透過完善自我和提高修養的方式，有效地彌補容貌上的缺點。

**對於處於失望和憂鬱情緒中的人來說，透過自己的努力變得愉快而樂觀，是一件很有成就感的事情。還有什麼比美夢成真更讓人感到快樂？**

# 身體好，一切都好

**每個年輕人都應該清楚，身體是生活的基礎。**有好的身體才會有好的生活，過得幸福安康。我們要愛惜自己的身體，盡力保護它不受傷害。

有些人忙於自己的奮鬥目標，無法吃一頓好飯，睡一次好覺，總是自欺欺人地安慰自己忙完這陣子就休息，然而他們從未真正休息過，直到身體累垮而精力不濟。他們不明白自己為什麼如此年輕就已經頭髮花白，甚至沒有胃口和渾身酸痛，其實這完全是他們自己一手造成的，他們的健康正是毀在這種急功近利的工作態度上。

我們可以自主選擇過哪種生活，這裡有兩種完全相反的活法：一種是毫無規律而一團糟的生活，每天為了理想而奮鬥，完全沒有休息時間，不惜犧牲自己的健康和幾年壽命。另一種是有規律和有節制的生活，保持身體健康和心情愉快，可以多活幾年。

**我們想要取得成功，必須有強健的身體來支撐。我們應該愛惜身體這個寶貴財富，它**

**的價值是不可估量的。**

在當今社會，很多悲劇都是因為生活節奏太快而導致。我們在城市隨處都可以遇到一些年輕人，他們頭髮花白和彎腰駝背，從外表完全看不出只有三十歲。他們身上死氣沉沉，已經失去年輕人應該有的朝氣，他們臉上也留下歲月的痕跡。他們在勞累中過早地用完自己的精力，空有一身本領和遠大理想，最終卻一事無成。他們的身體就像已經鏽蝕和報廢的機器。因此，我們應該將自身的精力合理利用，進而保證我們的身體在被有效使用的同時不被過度使用。

想要保持健康和有活力的身體，就要給它提供充足的營養。很多人聰明地以為自己每天都可以省下一些伙食費，卻忽視因此導致的營養不良，結果弄垮自己的身體。**其實，如果可以保持營養充足和休息充分，我們會有更高的工作效率，取得更大的收穫。**

節儉雖然是一種美德，如果過度會變成一種浪費。愚蠢之人以省吃儉用的方式來省錢，把自己弄得營養不良。**盡全力保證自己身體健康，才是真正的節儉。懂得這個道理的人，為了保持清醒的頭腦和充沛的精力，會想盡辦法對它們進行補充。**他們知道強健的身體和充沛的精力是取得成功的有力保障。

日常生活中，有很多人因為不愛惜身體而導致失敗。他們只盯著其他地方的財富，卻忽視自身所擁有的。他們只會使用身體這個機器來獲取成功，卻不懂得珍惜它和愛護它。不愛惜自己的身體是一種錯誤的行為，就像用鑽孔機在生命的寶庫上打洞，使成功的財富流瀉而出。

這些人日夜不休地進行這種瘋狂的行為，彷彿在比賽誰可以先把這些生命財富洩漏完。他們不僅不愛惜身體，並且肆無忌憚地消耗自己的精力與生命力。

我們寶貴的精力會被很多不良的生活習慣白白消耗，這些不良的生活習慣會嚴重損害我們的精力與體力，例如：睡眠不足、缺乏運動、營養不良、連續工作、負擔過重，都會造成這種危害。

**想要成功，就要有成功必備的生命和精力。如果失去這兩點，何談成功？因此，每個人都應該珍惜生命，避免疏忽身體健康。**

毫無疑問，軍人是走路最有氣勢的人。那些精神抖擻和昂首闊步地走在街上的人，很有可能就是海軍軍官或是陸軍校尉。他們透過艱苦訓練才換得人們稱羨的挺拔身姿，這個艱苦的過程大家都不願意經歷。其實，殘障者也可以擁有優雅的身姿和強健的身體，只要他們可以忍受艱苦訓練，過著有規律的生活。

**人們總是會對身姿良好的人產生好印象，擁有良好身姿其實不困難，始終保持以筆直**

**挺胸和肩膀後張的姿勢走路或是站立，就可以擁有優雅而有朝氣的身姿**。千萬不要搖搖晃晃地走路，而是應該如同行雲流水一般。急切或是緩慢地拖著腳走路的人，會在別人心中留下不良印象。很多人都有一個壞習慣，就是喜歡彎著腰，這是最破壞自己形象的行為。這些人缺乏鍛鍊，整日坐在椅子或沙發上，逐漸養成彎腰的壞習慣。總是喜歡彎著腰的人，消化功能一定不好，因為這種不當的姿勢會阻礙血液循環，影響心臟的跳動，也會鈍化我們的思想，消磨我們的意志，這是它給我們造成的最大傷害，破壞我們的形象還在其次。

如果一個人因為身姿不挺拔而導致意志消沉，進而影響自己在學識和能力上的追求，會讓人十分遺憾。我們身體的各部分都會對我們的學識和能力產生影響，全身不舒服往往是由身體某個部位的問題所引起。

染上不良習慣非常容易，任何細節稍微不注意都會導致這種結果，例如：有些人喜歡躺著看書或趴著看書，導致站立的時候也習慣東倒西歪。這些不良習慣會使我們變得急躁，極大地傷害我們，所以我們應該抬頭挺胸和鬥志昂揚地面對生活。每個人都有權利活得瀟灑自在，即使是衣著寒酸和地位低下之人也是如此。

對於那些因為沒有經常給機器潤滑而導致機器提前報廢的工程師，我們會把他看作笨蛋，並且加以嘲笑。**生活中也有這樣的笨蛋，然而可悲的是，我們不僅沒有加以嘲笑，反而不自覺地成為其中的一員。**

成功講座 405

**這個世界，***Pushing to the Front*
**沒有懷才不遇這件事**

海鴿文化出版圖書有限公司
Seadove Publishing Company Ltd.

作者　奧里森・馬登
編譯　靜濤
美術構成　騾賴耙工作室
封面設計　九角文化/設計
發行人　羅清維
企劃執行　張緯倫、林義傑
責任行政　陳淑貞

出版　海鴿文化出版圖書有限公司
出版登記　行政院新聞局局版北市業字第780號
發行部　台北市信義區林口街54-4號1樓
電話　02-2727-3008
傳真　02-2727-0603
E-mail　seadove.book@msa.hinet.net

總經銷　創智文化有限公司
住址　新北市土城區忠承路89號6樓
電話　02-2268-3489
傳真　02-2269-6560
網址　www.booknews.com.tw

香港總經銷　和平圖書有限公司
住址　香港柴灣嘉業街12號百樂門大廈17樓
電話　（852）2804-6687
傳真　（852）2804-6409

CVS總代理　美璟文化有限公司
電話　02-2723-9968
E-mail　net@uth.com.tw

出版日期　2024年05月01日　二版一刷
定價　320元
郵政劃撥　18989626　戶名：海鴿文化出版圖書有限公司

國家圖書館出版品預行編目（CIP）資料

這個世界，沒有懷才不遇這件事 ／ 奧里森・馬登作 ；
靜濤編譯. -- 二版. -- 臺北市 ： 海鴿文化，2024.05
面 ； 公分. --（成功講座；405）
ISBN 978-986-392-521-7（平裝）

1. 成功法　2. 生活指導

177.2　　113003550

Seadove

Seadove

Seadove

Seadove